बारह सौ छब्बीस बटा सात

बारह सौ छब्बीस बटा सात

मोहन राकेश

वाणी प्रकाशन

प्रकाशन के उत्कृष्टतम 62 वर्ष

सजिल्द पहला संस्करण : 1994
सजिल्द दूसरा संस्करण : 2025

vaniprakashan.com

वाणी प्रकाशन
4695, 21-ए, दरियागंज, नयी दिल्ली-110 002
फ़ोन : + 91 11 23273167, 23275710
शाखाएँ
अशोक राजपथ, पटना-800 004, बिहार
कॉफ़ी हाउस कैम्पस, महात्मा गांधी मार्ग, प्रयागराज-211 001, उत्तर प्रदेश
महात्मा गांधी अन्तरराष्ट्रीय हिन्दी विश्वविद्यालय, वर्धा-442 001, महाराष्ट्र
sales@vaniprakashan.in
vaniprakashan@gmail.com

Barah Sau Chhabbis Bata Sat
by Mohan Rakesh

ISBN : 978-81-7055-115-7
Play

मूल्य : ₹ 125

सिटी प्रेस, दिल्ली-110 095 में मुद्रित

वाणी प्रकाशन का लोगो मक़बूल फ़िदा हुसैन की कूची से

कहानी (परमात्मा का कुत्ता) और उसकी रंग संभावनाएँ

वर्तमान समय हिन्दी साहित्य में साहित्यिक विधाओं और माध्यमों के गड्डमड्ड होने, एक-दूसरे में घुल-मिल जाने का है। कहानी, कविता, नाटक के अन्तरावलम्बन अनेक रचनाकारों की रचनाओं में देखे जा सकते हैं। जिस तरह जयशंकर प्रसाद के साहित्य में काव्य, नाटक और कथा एक-दूसरे के बहुत निकट थे, जिसका चरमोत्कर्ष 'कामायनी' या 'आकाशदीप' और 'पुरस्कार' कहानियों में या 'प्रलय की छाया' में उपलब्ध होता है, उसी तरह मोहन राकेश के साहित्य में कथा, नाट्य, काव्य की आन्तरिक संगति मिलती है—अन्तर केवल यह है कि यहाँ प्रसाद के नाटकों की तरह विधाओं का कोई पक्ष अलग-अलग अपनी सत्ता अनुभव कराता हुआ नहीं लगता। इसका तात्पर्य प्रसाद और राकेश की तुलना नहीं है बल्कि इस पर ध्यान दिलाना है कि साहित्य में अनुभूति और अभिव्यक्ति पक्ष में से दोनों ने ही अनुभूति की महानता और सुन्दरता से अभिव्यक्ति का सुन्दर और सार्थक होना माना है। राकेश का अनुभव-क्षेत्र जीवन और समाज से जुड़ा था। उनकी समस्त अनुभूति परिवेश से जुड़े रहने की अनिवार्यता की अनुभूति है। वह अपनी रचनाओं में आर्थिक क्रान्ति के साथ-साथ सामाजिक-सांस्कृतिक क्रान्ति की बात कहते हुए रचना की प्रायोगिक अंतर्दृष्टि या रचना के 'टोटल एटीट्यूड'[1] को व्यक्त करना चाहते हैं। 'परमात्मा का कुत्ता' एक लेखकीय प्रतिबद्धता की, रचनात्मक आक्रोश, विद्रोह और तीखे प्रहार की नाटकीय कहानी है। वहाँ सचमुच राकेश यह कहते दीखते हैं कि "लेखक का

1. परिवेश : मोहन राकेश, पृ. 80

वास्तविक कमिटमेंट किसी विचारधारा से न होकर अपने से और समय से, जीवन से होता है।

वह अँधेरे और आतंक को पैदा करने वाली शक्तियों के साथ समूचे अस्तित्व से लड़ना चाहता है।"[1] आगे यह भी उनका कहना है कि "जिन्दगी में बहुत कुछ है जिसके प्रति आक्रोश और विद्रोह मेरे मन में है।"[2] 'परमात्मा का कुत्ता' कहानी उसी आक्रोश, विद्रोह की उफान की, 'बनते हुए लेखक' और परिवर्तन की अदम्य लालसा की कहानी है। राकेश के लिए साहित्य कोई अजूबा या चमत्कार नहीं है, न साहित्यकार कोई मसीहा है, वह अनुभव और यथार्थ की जटिल प्रक्रिया है। अभिव्यक्ति की मौलिकता और सघनता इसी जटिल प्रक्रिया के सूक्ष्म स्तरों तक लेखकीय संवेदना की पकड़ पर निर्भर करता है। प्रत्येक अनुभव इसीलिए 'रचना' या 'सृजन' नहीं होता। जीवन के प्रति जो अटूट आस्था और मानव जीवन के अधूरेपन की पीड़ा के कारण उसकी 'पूर्णता' को पाने की जो छटपटाहट, जो अन्तहीन तलाश और इस सबके बीच जो स्वीकार-अस्वीकार का द्वन्द्व राकेश के साहित्य में है, वस्तुतः वह नाट्यविधा और रंगमंच के लिए सार्थक बिन्दु है क्योंकि संघर्ष, द्वन्द्व, छटपटाहट, आदि रंगमंच की जीवन्तता और सक्रियता के अंग हैं। सेंसिटीविटी' और 'सांकेतिकता' को राकेश ने साहित्य का महत्त्वपूर्ण हिस्सा माना है और उसका निर्वाह भी किया है। ये दोनों ही पक्ष रंगमंच पर बहुत सहायक हो जाते हैं क्योंकि इनसे रचनाकार की संवेदना को एक आकार देने में सौन्दर्य-सृष्टि होती है। केवल कुछ स्थूल युक्तियों और संवादों में ही रंगमंच की इतिश्री नहीं है—वह तो उस अनवरत चलने वाले, ध्वनित होने वाले, इमेज बनाते जाने वाली सौन्दर्य-छवियों और अर्थच्छायाओं में है जो अनन्त अर्थ-सृष्टि करती रहती हैं। मंच की 'ओरिजिनैलिटी' वस्तुतः यही है। काल्पनिक स्रोतों पर टिकी और गढ़े गये फार्म में बँधी रचना न

---

1. बकलम खुद, मोहन राकेश, पृ. 121
2. सारिका, फरवरी 1972, पृ. 23

लेखक की शक्ति हो सकती है, न रंगमंच की। वह दोनों के अस्तित्व को संकट पैदा करती है। राकेश यह अनुभव कर रहे थे कि "आज के साहित्यकार की सर्जनात्मकता जिस ध्रुवहीनता के संकट से गुजर रही है, उसकी तुलना पहले के किसी ऐसे संकट से नहीं की जा सकती।"[1] इस संकट से गुजरते हुए साहित्य के उद्देश्य और साहित्यकार के दायित्व पर रचनात्मक ईमानदारी से विचार करते हुए राकेश ने यह मानकर लिखा कि सार्थक रचना वही है जो पहली तरह की झुंझलाहट को जन्म देती है। 'परमात्मा का कुत्ता' एक झुंझलाहट है जो तीखी लय में तेज धार के साथ प्रकट होने लगती है। पाठक के मन पर उसकी सार्थक और अनिवार्य प्रतिक्रिया होती है। यह क्रिया-प्रतिक्रिया भी उसकी रंगमंचीय शक्ति को बढ़ाती है। उनकी कहानी में जहाँ 'जिजीविषा' है वह भी रंगमंच की जीवन्तता बन जाती है। "जिन्दगी की नब्ज इतनी तेज है कि उसे हर जगह और हर पल महसूस किया जा सकता है।"[2] परिवेश-बोध, अनुभूति की प्रगाढ़ता, वर्तमान यथार्थ के प्रति सतर्क चेतना ने उनकी इस कहानी का रचनात्मक संघटन किया है। लेखक का मानसिक असन्तोष आज के मनुष्य के असन्तोष की भाषा और मुद्रा में ही व्यक्त हुआ है। भाषा अगर क्रिया, हाव-भाव, मुद्राओं और उतार-चढ़ाव के साथ व्यंजना में, ध्वनि और लय में, स्वर और टोन में समृद्ध हो तो कहानी की भाषा नाट्यभाषा का सौन्दर्य देती है। 'परमात्मा का कुत्ता' के विवरणों और संवादों में जो तीखा प्रवाह है, जो तेज आक्रामकता है वह रंग-भाषा का नमूना है। एक तेवर में कहानी शुरू होती है और उसी के साथ समाप्त हो जाती है—भारतेन्दु के बेबाक, बेधड़क, जिन्दादिल लहजे में और निराला के 'कुकुरमुत्ता' के उद्दण्ड, प्रखर आवेग और असम्बद्ध—बेतुकेपन में। व्यवस्था के प्रति आक्रोश की सफल परिणति 'परमात्मा का कुत्ता' में होती है। कहानी का मुख्य पात्र जीवन

---

1. साहित्यिक और सांस्कृतिक दृष्टि, मोहन राकेश, पृ. 27
2. एक और जिन्दगी, भूमिका, पृ. 12

की विसंगतियों, सरकारी कार्यालयों की अफसरवादी मनोवृत्ति, लालफीताशाही और झूठी बनावट के साथ-साथ अमानवीय, नितान्त क्रूर रवैये से इतना त्रस्त है, भ्रष्टाचार के प्रति इतनी वितृष्णा है उसमें कि वह उस भड़ास को वैसी ही उत्तेजना भरे टोन में, अभद्र शब्दावली में, असभ्य हरकतों में, जीवन से बने मुहावरों में व्यक्त करता है—उसकी बातों से, व्यंग्य और उपहास से एक लम्बा सामाजिक-नैतिक परिच्छेद खुलकर सामने आता दीखता है जो उसके दृश्यत्व का आधार बनता जाता है। विद्रूपता की अभिव्यंजना विद्रूप होकर ही उभरती है। समकालीन प्रतिक्रिया और विघटन, मानवीय संवेदना का ह्रास, मूल्यहीनता उजागर होती है। इसके लिए कहानी में जो श्रव्य-दृश्य बिम्ब, जो सूक्ष्म इन्द्रिय संवेदन, सूक्ष्म सौन्दर्यबोध, प्रतीकार्थ, संकेत आदि हैं—वही उसे नाटक के निकट ले आते हैं। वहाँ भावना का उत्कर्ष नहीं, अपने को प्रकट होने देने का माध्यम तलाशने की आकुलता है। चूहों की तरह बिटिर-बिटिर देखने से कुछ नहीं होता। भौंको, भौंको, सबके सब भौंको। अपने आप सालों के कान फट जायेंगे। तनावग्रस्त परिस्थितियों के बीच आदमी की मानसिकता क्या हो जाती है, वह इस टोन में व्यंक्त हो सका है। राकेश की कहानी में चित्रण-शक्ति होती है—प्रायः वह मनोभूमि का विस्तार और संगठन दृश्य बिम्बों, चित्रों, संकेतों से करते हैं—वहाँ वर्णनात्मक कम और बिम्ब-प्रस्तुति अधिक है। 'परमात्मा का कुत्ता' में आरम्भ में एक वर्णन चित्र है भी तो वह वातावरण-निर्माण और एकरस ठण्डी दिनचर्या का सुन्दर संकेत कर जाता है। 'परमात्मा का कुत्ता' एक आवेग, एक उत्तेजना है। यह उत्तेजना कितनी देर तक स्थायी रह सकती है—यह एक अलग विचार राकेश की कहानियों की सीमाओं के बारे में होता रहा है। यह कहानी तो सचमुच फ्लैश की तरह कौंध जाने वाली है।

वर्तमान समय हिन्दी रंगमंच में 'कहानी रंगमंच' का है और उसके अतिरिक्त कहानी, उपन्यास, कविताओं के नाट्यरूपान्तर का है। सैकड़ों कहानियों ने हिन्दी रंगमंच को समृद्ध किया है। आरम्भ में जब हिन्दी रंगमंच

नये दौर में था तो कहानी और कविता के नाट्यपाठ के प्रयोग भी होते रहते थे। स्वयं मैंने 'परमात्मा का कुत्ता' कहानी का नाट्यपाठ लगभग '71 में कराया था। तभी इस कहानी का तेवर बहुत सहायक हुआ था। अब जितेन्द्र मित्तल के इस कहानी का नाट्यरूपान्तर 'बारह सौ छब्बीस बटा सात' नाम से प्रकाशित हो रहा है—यह शीर्षक ही आज की व्यवस्था में मनुष्य के मनुष्य न रह जाने, मात्र एक संख्या और वह भी लम्बी, निरर्थक रह जाने की पीड़ा का संकेत करता है। खोखली व्यवस्था केवल आडम्बर, अफसरशाही के प्रदर्शन का लम्बा, शून्य सिलसिला चाहती है जो उनके अहं को तो तुष्ट करती है लेकिन बेचारे आदमी को भटकाती है, अस्त-व्यस्त करती है और आतंकित करती है। रूसी लेखक गोगोल की दूरदर्शन पर प्रसारित होने वाली कहानी 'शेरवानी' इस सन्दर्भ में स्वभावतः याद आती है, यद्यपि 'शेरवानी' में केवल एक 'फ्लैश की कौंध' या झुंझलाहट-बौखलाहट नहीं थी जो 'परमात्मा का कुत्ता' या मोहन राकेश के साहित्य का एक कगार भी—सुरक्षित स्थान—बन जाता है, उसमें जो गहरी मानवीय तड़प, करुणा, त्रासदी और इस अमानवीय व्यवस्था के प्रति एक विचित्र-चकित-सा, असामान्य-सा भाव था और सारी प्रतिक्रिया को जिस तरह एक फैन्टेसी के रूप में अन्त में दिखाया था जो न केवल विद्रोह की तड़प है बल्कि उसका साकार होना भी है—वैसी गहरी करुणा और परिणति 'परमात्मा का कुत्ता' में नहीं है पर उसके तेवर और आक्रोश-विद्रोह को ही प्राथमिकता और रचनात्मक रूप दिया जा सकता है। जितेन्द्र मित्तल ने कहानी में दिए गए लेखकीय विवरणों, चित्रों और सम्वादों को ही नाटक के रूप में नहीं उभारा है उसके अतिरिक्त भी अपनी कल्पना द्वारा कहानी को एक नाटकीय संरचना देने का प्रयास किया है। विशेष बात यह है कि उन्होंने एक खास शैली—प्रस्तुति-शैली या अभिनय-शैली या रंग-शैली—में उसे बाँधा है। नुक्कड़ नाटक के ढाँचे में यह रूपान्तर ज्यादा बँधा है। निश्चित गतियों, समूहनों, आंतरिक क्रियाओं, लयों, शारीरिक व्यायाम और संगीतात्मक

प्रयोगों में इसे अनुभव किया जा सकता है, शायद इसके पीछे उनकी राकेश की 'परिवर्तन या क्रान्ति की प्रतिबद्धता' और आज के समय में इस प्रतिबद्धता की दृष्टि से नुक्कड़ नाट्यशैली की उपादेयता और प्रासंगिकता है। कैसे बेहतर होता अगर वह किसी शैलीबद्धता के मोह में न पड़कर उन्मुक्त रचना का रूप इस कहानी को देते। जितेन्द्र मित्तल के इस नाट्यरूपान्तर में लय, गति, क्रिया, टोन, बिम्बों, प्रतीकों का अच्छा उपयोग मिलता है जिसका लाभ अनेक प्रकार से प्रस्तुति करने में मिल सकता है। खुले मंच पर शारीरिक गतियों से बनती लय और बिम्ब अच्छी संरचना पैदा कर सकते हैं। मुझे लगता है कि इस पूरी नाटकीय संरचना में अगर उन्होंने साधू की बौखलाहट, झुँझलाहट, विद्रोह, उद्दण्डता और आक्रोश को और प्रखर किया होता तो अच्छा था—साथ ही त्रासदी और करुणा पक्ष को भी, लेकिन यह वस्तुतः एक बनी बनाई रचना को नितान्त नयी रचना बनाना होता जो प्रायः कहानी-उपन्यासों के नाट्यरूपान्तर की एक समस्या हमेशा बना रहा है और विवादात्मक विषय रहा है कि कथा को नाटक बनाना है या उससे एक नयी नाट्यरचना करना है। विधाओं और माध्यमों का यह आन्तरिक तनाव ही कला-सृष्टि करता है। जितेन्द्र मित्तल एक निष्ठावान, निरन्तर सक्रिय युवा कलाकार हैं। नाटक और रंगमंच की दिशा में एक संकल्प के साथ, आन्दोलन की भूमिका के साथ कटिबद्ध रहना समसामयिक रंगकर्म और नाट्यलेखन की दृष्टि से उल्लेखनीय है। उनका गम्भीर, सोद्देश्य रचना-कर्म, दायित्व-बोध युवा-जगत् के लिए एक दिशा है। भविष्य में उनसे नये-नये क्षितिजों के अन्वेषण की आशा की जा सकती है।

—(डॉ०) **श्रीमती गिरीश रस्तोगी**
रीडर, हिन्दी-विभाग
गोरखपुर विश्वविद्यालय (गोरखपुर)

बारह सौ छब्बीस बटा सात

(नाट्य-रूपान्तर)

दृश्य : एक

किसी छोटे जिले की कचहरी का दृश्य। मोटर का हार्न, तांगे व घोड़े के टापों की आवाज। खोमचे वाले की पलटे से तवे पर टन, टन, भीड़ का शोर। तांगे वाले की 'शहर, घण्टाघर, घण्टाघर शहर, चार आना, चार आना' आवाज के साथ डाउन राइट फर्स्ट विंग के पास प्रकाश होता है।)

(एक अर्जीनवीस लगातार टाइप किए जा रहा है, अर्जीनवीस के माथे पर पसीना व बाल आ गए हैं। परन्तु उसे हटाने की फुर्सत नहीं है। दो व्यक्ति उसके पास बैठे हैं, उनमें से एक साधुसिंह भी है। दो व्यक्ति खड़े हैं और इन्तजार में हैं कि उनका नम्बर आए। पास ही अर्जीनवीस का लड़का बैठा हुआ आगे-पीछे होता हुआ रट रहा है।)

सी ए टी कैट—कैट, माने बिल्ली
बी ए टी बैट—बैट, माने बल्ला
ए पी पी एल इ—एप्पल, माने सेब
एफ ए टी फैट—फैट, माने मोटा

चपरासी : सरकार बनाम कल्लन, सरकार बनाम कल्लन, कल्लन वल्द लल्लू अदालत में हाजिर हों।

(साधुसिंह अर्जीनवीस से टाइप किए हुए कागज लेकर एक रुपया देता है, अर्जीनवीस घूरता है, साधु इशारे से बताता है कि और नहीं है, अर्जीनवीस कागज उसके हाथ से छीन लेता है। साधु बेबसी में फेटे से 10-10 के पाँच

सिक्के निकालकर और देता है और दौड़ा हुआ लेफ्ट साइड सेकेन्ड विंग की तरफ जाता है। वहाँ सभी कुर्सियाँ खाली हैं। कुछ देर खड़ा होकर सोचता है फिर बाबू लोगों को ढूँढ़ना शुरू करता है। बाबू अ, ब, स अपराइट में बैठे ताश खेल रहे हैं। बाबू क, ख, ग डाउन लैफ्ट में खड़े चाय पी रहे हैं। साधुसिंह को बाबू ख की तलाश है, वह चाय पीता मिल जाता है परन्तु साधुसिंह संकोचवश उससे कुछ नहीं कह पाता है, वहीं खड़ा रहता है। अ, ब, स पर प्रकाश)

अ : बिल्कुल नई है।

ब, स : इरशाद, इरशाद।

(अ शायराना अन्दाज में सलाम करता है)

अ : कैरेक्टर।

(अ–ब, स को देखता है फिर कुछ ऊँचे स्वर में)

कैरेक्टर
बहुत ऊँची चीज

(ब, स आश्चर्य से अ को देखते हैं)

कैरेक्टर
बहुत ऊँची चीज
कहने को केवल
नारी
जो माँ है, पत्नी है, बहन है

ब, स : जो माँ है, पत्नी है, बहन है।

अ : नारी, जो माँ है, पत्नी है, बहन है
दो रुपये में अस्मत बेचती है।

ब, स : वाह वाह!

अ : **(झल्लाकर)** क्या वाह-वाह?

ब : अस्मत बेचती है

अ : **(तुर्शी से)** लानत है।

ब : किस पर?

स : नारी पर?

अ : **(गुस्से से)** तुम पर। तुम कभी अच्छे श्रोता नहीं हो सकते! कविता का मजा खराब कर दिया।

ब : आइ एम वैरी सॉरी ।

स : आइ एम आलसो।

अ : रियली?

ब, स : ओह यस।

अ : हाँ, तो मैं कह रहा था।

ब : नारी

(अ नाराजगी से ब को देखता है)

कसम खुदा की अब बिल्कुल नहीं बोलूँगा।

स : मैं भी।

अ : नारी

जो माँ है, पत्नी है, बहन है

दो रुपये में अस्मत बेचती है

(अ—ब, स की तरफ देखता है। दोनों ध्यानमग्न सुन रहे हैं, यह देखकर दुगुने उत्साह से)

मानव

जो ईश्वर की अनुपम रचना है

दारू के पौवे एक में

मारा जाता है

(अ—ब, स की तरफ इस तरह देखता है कि ये कभी जिन्दगी में अच्छे श्रोता बन ही नहीं सकते)

मैं सड़क के इस पार खड़ा

सब देख रहा हूँ

मैं
मैं चरित्रहीन हूँ
क्योंकि
मैं इस पार खड़ा हूँ

(अ–ब, स की तरफ नाराजगी से देखता है, ब, स–अ की चुप्पी से अचानक चौंकते हैं फिर एक-दूसरे की तरफ देखकर)

ब : **(अ से)** खत्म हो गई।

(स–अ के बिगड़ते हुए चेहरे को देखकर)

स : वाह क्या बात थी?

ब : वाह, वाह क्या बात थी?

(कहने के अन्दाज से अ समझता है कि कह रहे हैं कि चुराई हुई है)

अ : मैं हलफनामा उठाने को तैयार हूँ।

ब : नहीं-नहीं··· । उसकी क्या जरूरत है, हम सब समझते हैं।

अ : नहीं। मैं खुदा को हाजिर-नाजिर मानकर कहता हूँ···

(अन्धकार)

(चाय की दुकान पर प्रकाश होता है)

साधु : हुजूर!

क : तो फिर क्या कहा साहब ने?

ख : कहते क्या खुद भी तो।

साधु : **(जोर से)** हुजूर

ख : क्या है?

साधु : हुजूर मैं

ख : क्या मैं-मैं लगा रखी है?

साधु : हुजूर यह दरखास्त···

ख : आफिस में देना।

साधु : मालिक वहाँ कोई नहीं है।

ख : तो मैं क्या करूँ?

साधु : सरकार, मैं यहाँ एक घण्टे से खड़ा हूँ।

ख : मुझ पर अहसान कर रहे हो?

साधु : सरकार, मैं गरीब आदमी अहसान क्या करूँगा, दरखास्त कर रहा था कि पाँच मील पैदल जाना होता है।

ख : मैं बुलाने गया था तुम्हें?

साधु : सरकार

क : (ख से) उसके बाद

ख : उसके बाद? ओऽ मामला टाँय-टाँय फिस्स।

क : फिस्स?

ख : अभी बच्चे हो, नौकरी करना सीखने में टाइम लगेगा?

साधु : हुजूर।

ख : कुछ लाया है?

(साधु एक रुपया निकालकर देता है। ख गुस्से से रुपया फेंक देता है)

भीख दे रहा है।

(अन्धकार)

(प्रकाश होने पर चपरासी-1 अपने बक्से पर बैठा है। पाँच विभिन्न बक्सों पर अ, ब, स, क, ख बैठे हैं। साधु सिंह मशीनी अन्दाज में ताल के साथ इधर से उधर दौड़ रहा है)

साधु : बारह सौ छब्बीस बटा सात—

अ : बारह सौ छब्बीस बटा सात—
यहाँ नहीं है।

ब : बारह सौ छब्बीस बटा सात
यहाँ नहीं है।

स : बारह सौ छब्बीस बटा सात
यहाँ नहीं है।

साधु : कहाँ है?

ख : पाँच

क : पाँच

अ : पाँच

ब : पाँच

(साधु दो रुपये निकालकर देता है)

अ : यहाँ नहीं है

ब : यहाँ नहीं है

क : यहाँ नहीं है

स : यहाँ नहीं है

ख : यहाँ नहीं है

(साधुसिंह के घर दो औरतें बैठी हैं, एक बच्ची उनके साथ है)

बच्ची : ताऊ आ गए, ताऊ आ गए।

(अधिक उम्र की औरत सिर ढक लेती है और छोटी औरत प्रश्नवाचक दृष्टि से समझ जाती है कि काम नहीं हुआ। उसी बीच बच्ची साधु की पोटली लेकर खोलती है, उसमें एक लोटा व मुड़े-तुड़े कागजों के अतिरिक्त कुछ नहीं मिलता है। बच्ची के चेहरे पर गहरी निराशा व्याप्त हो जाती है, माँ बहन को देखती है और बहन साधु को प्रश्नवाचक दृष्टि से देखती है)

साधु : मैं सब समझता हूँ।

(खामोशी)

लाला ने उधार नहीं दिया?

(खामोशी)

कब तक दे?

बहन : ताऊ, ऐसे कब तक चलेगा?

साधु : जब तक चलता है

(खामोशी)

बहुत जल्द खत्म होने वाला है।

बहन : कुछ और क्यों नहीं करते?

साधु : जिन्दगी में कुछ किया है, जो अब करूँ। इन हाथों ने पचास साल हल चलाया है। रज्जो, बूढ़ा तोता नहीं पढ़ता।

बहन : कलक्टर यहाँ का सबसे बड़ा राजा है, उससे बड़ा कोई नहीं?

साधु : हैं, उससे भी बड़े हजारों।

बहन : उनसे कहो, हो सकता है किसी को तुम्हारे बुढ़ापे और घर की हालत पर तरस आ जाए।

साधु : तरस **(हँसता है)** कितनी सीधी है तू, बड़ा दरवार, बड़े लोग, बड़ा चढ़ावा।

बहन : फिर तो बस भगवान का ही आसरा है।

साधु : भगवान? **(शून्य में घूरता है)** भगवान, हाँ शायद।

बच्ची : मुझे भूख लगी है ताऊ।

साधु : रज्जो, अपनी माँ से कह कि वो कड़ा दे दे।

(माँ चाँदी का कड़ा उतार कर देती है। उसके दोनों हाथ खाली हो जाते हैं। साधु कड़े को देखता है)

मैं, जिन्दा रहा तो, तो...... ?

जल्द ही बनवा दूँगा।

(अन्धकार)

दृश्य : दो

(प्रथम दृश्य वाला माहौल)

लड़का : एच ई एन, हैन—हैन माने मुर्गी।
पी ई एन, पैन—पैन माने कलम।
टी ई एन, टैन—टैन माने दस।

(साधुसिंह आफिस में ख को तलाश करता है। ख, क एवं ग के साथ खड़ा चाय पी रहा है। साधुसिंह एप्लीकेशन के ऊपर पाँच रुपये का नोट लगाकर ख को देता है।)

ख : तुम्हारी फाइल कल बड़े साहब के पास भेज दूँगा।

साधु : कल आऊँ सरकार।

ख : कल? अरे भई यह कचहरी है, यहाँ टाइम लगता है।

साधु : तो परसों!

ख : हद हो गई, **(क से)** यह बे-पढ़े-लिखे लोग कितने बेवकूफ होते हैं।

साधु : हाँ सरकार! और भूखे भी।

ख : हाँ, हाँ ठीक है, तुम दस, पन्द्रह दिन बाद आकर मालूम कर लेना।

साधु : यह आठवीं दरखास्त है हुजूर, कहीं यह भी ना···।

ख : तो फिर मैं तुम्हारी दरखास्त के आगे-पीछे घूमता रहूँ। मैं पुटअप कर देता हूँ अब अगर···

साधु : मैं गरीब आदमी हूँ।

ख : **(ग से)** मैं गरीब आदमी हूँ, हिन्दुस्तान में करोड़पति भी यही कहते हैं कि मैं गरीब आदमी हूँ।

ग : यह गरीब आदमी कचहरी में आते ही क्यों हैं?

चपरासी-2 : सरकार बनाम हरिया, सरकार बनाम हरिया, हरिया वल्द नन्कहू अदालत में हाजिर हों।

(एक आदमी दौड़कर चपरासी के पास आता है, सलाम करता है। चपरासी इशारे से दो रुपये माँगता है। वह दो रुपये निकालकर देता है और अन्दर चला जाता है। चपरासी अपने बक्से पर बैठकर आज की कमाई का हिसाब करने लगता है। एक वकील और एक औरत राइट सेन्टर विंग से मंच के मध्य में आते हैं।)

वकील : कत्ल का मामला है।

औरत : मगर दो हजार?

वकील : अरे दो हजार क्या मैं रख लूँगा—ऊपर से लेकर नीचे तक खिलाना पड़ता है। तुम लोग समझते क्यों नहीं।

औरत : मैं···

वकील : तो चढ़ जाने दो फाँसी पर।

औरत : वह मेरा आदमी है, उसने मेरी इज्जत की खातिर···

वकील : (झल्लाकर) मैं कब कहता हूँ कि मेरी इज्जत की खातिर, अच्छा यह बता तू खेत में गई ही क्यों थी?

औरत : मजूरी करने।

वकील : और वहाँ तेरे साथ जबरन

औरत : हाँ।

वकील : इसका कोई गवाह है?

औरत : गवाह क्या वो साथ लेकर आते?

(वकील तीव्र दृष्टि से देखता है)

वकील : तीन लोगों ने खेत में एक औरत को अकेली पाकर बलात्कार किया, चीख सुनकर औरत का आदमी दौड़ा आया, उनमें दो का खून कर दिया, एक भाग गया। गवाह कोई नहीं—डाक्टरी जाँच हुई?

औरत : लाश की?

वकील : ओफ ओ, लाश की नहीं तेरी।

औरत : मेरी, मैं क्या बीमार हूँ?

वकील : (झल्लाकर) नहीं बीमार तो मैं हूँ। रपट करायी थी?

औरत : पुलिस पकड़कर ले गई।

चपरासी-2 : केस नं० 58, केस नं० 58, सरकार बनाम झण्डू···

(वकील अपनी फाइल सँभालता हुआ कोर्ट में दाखिल होता है।)

(अन्धकार)

(चाय की दुकान पर प्रकाश)

ग : तो तुम गरीब आदमी हो?

साधु : था नहीं बना दिया।

ग : किसने?

साधु : सरकार ने।

ग : मैंने?

साधु : ना हुजूर आपने क्यों? सरकार ने ससुरी सरकार ने। अच्छा-खासा पाँच बीघे का खेत था, सरकार ने खाली करा लिया।

ग : क्यों?

साधु : कोई फैक्टरी लग रही है ससुरी वहाँ पर।

ख : मुआवजा तो दिया है।

साधु : हाँ मुआवजा तो दिया है मालिक, चार बीघे का गड्ढा। मालिक, मैं बुड्ढा गरीब आदमी हूँ नहीं तो सरकार का गला घोंट देता।

ख : हाँ हाँ, अब जाओ।

ग : यह तो नक्सलाइट लगता है।

क : बड़े बाबू यह किरन का क्या चक्कर है।

ख : क्यों?

क : अरे मैं तो ऐसे ही पूछ रहा हूँ।

ख : आफिस की कॉन्फिडेन्शियल बातें ऐसे ही नहीं पूछनी चाहिए।

ग : तुम्हें किरन में interest क्या है।

ख : इसे हर उस चीज में interest है जो feminen gender हो।

(तीनों हँसते हैं)

क : बेचारी गरीब लड़की को आठ रुपये रोज मिल जाते थे।

ख : बेचारी

ग : गरीब

क : नहीं मेरे कहने का मतलब

ख : अरे जरा समोसा तो मँगाओ।

क : **(बिलकुल मरी हुई आवाज)** लाला, तीन समोसे।

ख : भई सीधी-सी बात, उसे बँगले पर जाने में एतराज था।

क : यह तो सरासर अन्याय

ख : अबे धीरे बोल

(अंधकार, प्रकाश अप लैफ्ट में अ, ब, स पर होता है)

ब : सुनाओ

अ : सुनाऊँ!

स : सुनाओ।

अ : कोई मजाक नहीं।

ब : **(बनावटी क्रोध से)** तुम अच्छे श्रोता की कभी कद्र नहीं कर सकते। हम लिख नहीं सकते इसका मतलब यह तो नहीं है कि हमें सुनने की भी तमीज नहीं है।

(दोनों जाने लगते हैं)

अ : **(खुशामद से)** अरे तुम लोग तो नाराज हो गए।

ख : हाँ हो गए, अच्छे श्रोता सब कुछ बरदाश्त कर सकते हैं परन्तु

अपनी श्रवण-शक्ति और झेलने की ताकत पर आक्षेप नहीं।

अ : मेरे कहने का मतलब बिल्कुल भी···

ब : नहीं, तुम झूठ बोलते हो।

अ : मैं हलफनामा उठाने को तैयार हूँ।

स : अब हलफनामा नहीं, कुछ और ही उठाना पड़ेगा।

अ : वो क्या?

ब : हम लोगों का चाय का खर्चा।

अ : नहीं।

ब, स : ठीक—हम जा रहे हैं।

ब : हम जा रहे हैं।

स : हम जा रहे हैं।

ब, स : हमें अफसोस है

ब : अब तुम वंचित हो जाओगे,

स : अपने एक मात्र

ब : नहीं, दो मात्र श्रोताओं से।

स : हम जा रहे हैं

अ : रुको, मैं उठाने को तैयार हूँ

ब, स : क्या?

अ : हलफनामा

ब, स : हम जा रहे हैं

अ : मैं चाय का खर्चा उठाने का तैयार हूँ।

(ब और स दोनों दौड़कर शर्मा के पास पहुँचते हैं, एक-दूसरे की आँखों में शरारत से देखते हैं, मुड़कर चल देते हैं)

अ : क्या हुआ?

ब : क्या हुआ?

स : Hiper inflation.

अ : क्या मतलब

ब : अब तो समोसा भी must है।

अ : Impossible.

ब, स : we are going to hear poems during office hours is a crime and we are most dedicated government servent.

अ : तुम कचहरी में खड़े होकर मुझे Blackmail कर रहे हो, it is also a crime.

ब, स : So that, we are going.

अ : अबे, लाला तीन चाय, तीन समोसा।

ब : समोसा गरम।

स : चाय गरम

ब : थैंक यू

स : थैंक यू वैरी मच।

अ : मेरा फ्रेश्टेशन
अब तक मेरा था

(ब, स प्रश्नवाचक दृष्टि से देखते हैं। अ जोर देते हुए)

मेरा फ्रेश्टेशन
अब तक मेरा था।
अब मैंने फैलाना शुरू कर दिया है
यहाँ-वहाँ
चेहरे बदल रहा हूँ मैं
लोग कहते हैं।
पर मैं गन्दगी फैला रहा हूँ
यह मैं जानता हूँ।

ब : **(स से, धीमे स्वर में)** अबे यह कविता में कहने की चीज है?

अ : **(गुस्से से)** लाला, आर्डर टरमिनैटिड।

स : अमाँ नहीं।

अ : It is height of…

स : ऑर्डर पूरा टरमिनैट नहीं हो सकता।

अ : क्यों?

स : मैंने अच्छे श्रोता होने का प्रमाण दिया।

ब : मैं सॉरी बोलने को तैयार हूँ।

स : लाला, आर्डर रिइन्गसटिड।

अ : पर मैं गन्दगी फैला रहा हूँ
यह मैं जानता हूँ
गुनाह करता है जब एक शरीफ आदमी,
तो लोग जानते नहीं
जो जानते हैं पहचानते नहीं
और जब वो पहचानते हैं
कट चुका होता है
बहुत कुछ उनसे
खो चुके होते हैं, बहुत कुछ वे।
पर क्यों कर रहा हूँ मैं

ब : यह मेरा फ्रेश्टेशन है।

अ : लाला, आर्डर फाइनली टरमिनैटिड।

साधु : हुजूर!

अ : **(चिल्लाकर)** क्या है?

साधु : आपसे नहीं सरकार

अ : गेट आउट।

(अन्धकार)

दृश्य : तीन

(प्रथम दृश्य वाला माहौल)

लड़का : आर ए टी रैट–रैट माने चूहा।

(साधुसिंह आता है। एक बार स्पॉट लाइट चाय की दुकान पर वहां क, ख, ग खड़े चाय पी रहे हैं। एक लड़की उधर से गुजरती है। ग सीटी बजाता है। एक स्पॉट लाइट अ, ब, स पर वे बैठे ताश खेल रहे हैं। साधुसिंह खड़ा इन्तजार कर रहा है कि वे लोग कब अपनी सीट पर पहुँचें। वह उनसे फरियाद करने की सोचता ही है कि साहब-साहब का शोर मच जाता है। सब दौड़कर अपनी-अपनी सीट्स पर पहुँचते हैं। साधु ख के पास जाता है, वह इशारे से बताता है कि फाइल भेज दी गई है। वह क्रमशः ग, क, अ, ब एवं स के पास जाता है। हर तरफ से यही जवाब मिलता है कि फाइल बढ़ा दी गई है। वह सिर पकड़कर बैठ जाता है। वकील और औरत का प्रवेश।)

वकील : तुम्हारा case complicated होता जा रहा है1

औरत : अयं!

वकील : उलझ गया है।

औरत : हाँ।

वकील : जब वह गधा खुद कह रहा है कि उसने दो खून किए हैं, और तो और वह तो यह भी कहता है कि तीसरा जैसे ही

मिलेगा वह उसे भी मार डालेगा।

औरत : वह यही कहेगा।

वकील : वह यही कहेगा, तुम्हारी डाक्टरी जाँच नहीं हुई। बलात्कार का कोई गवाह नहीं तो फिर वकील क्या···

(औरत के चेहरे पर अस्पष्ट से भाव देखकर)

opposite party पानी की तरह पैसा बहा रही है। तुम्हारा केस लेकर मैंने गलती की।

औरत : मेरा आदमी बच जाएगा ना?

चपरासी : केस नम्बर एक सौ सात, सरकार बनाम···

(वकील दौड़कर जाता है। एक दूसरा वकील भी अपनी फाइलें सँभाले हुए उसी तरफ जाता है। साधु सिंह को प्यास लगती है, वह सरकारी नल तक जाता है, वहाँ पानी नहीं है, लोटा खाली रहता है, वह उसे देखता है। पास ही दस पैसे प्रति गिलास पानी बिक रहा है। भीड़ लगी है।)

व्यक्ति-1 : जल्दी दे यार।

व्यक्ति-2 : गिलास तो भर दे।

साधु : **(पानी बिकते देखकर)** क्या जमाना आ गया है। दो घूँट पानी भी बिकता है?

(लड़का साधु को घूरकर देखता है। वह होंठों पर जुबान फिराकर रह जाता है। चपरासी-एक के पास जाता है।)

साधु : जै राम जी की साब ।

(चपरासी ध्यान नहीं देता। आराम से बीड़ी सुलगाता रहता है)

साधु : चपरासी साहब।

(चपरासी प्रश्नवाचक दृष्टि से देखता है)

साधु : साहब से मिलना है।

(चपरासी बुझी बीड़ी जलाता है)

साधु : चपरासी साहब, साहब से मिलवा दो।

(इशारे से दो रुपये माँगता है)

साधु : मैं गरीब आदमी हूँ।

(चपरासी धक्का देता है)

चपरासी : चल भाग यहाँ से, टाइम बरबाद मत कर।

लड़का : आर ए टी, रैट–रैट माने चूहा

(साधु जमीन पर गिर जाता है। लड़के की आवाज विभिन्न ताल पर धीमी व तेज होती है। सभी बाबू व चपरासी और साधु बिल्ली-चूहे का खेल खेल रहे हैं। साधु खुद को बचाते हुए बहुत निर्जीव हो रहा है।)

लड़का : आर ए टी रैट–रैट माने चूहा

चूहा, चूहा, चूहा

चूहा, चूहा, चूहा

सी ए टी, कैट–कैट माने बिल्ली

सी ए टी, कैट–कैट माने बिल्ली

(डरावनी आवाज में) बिल्ली, बिल्ली, बिल्ली, बिल्ली, बिल्ली, बिल्ली।

(अर्जीनवीस लड़के को घूरकर देखता है। लड़का डरकर जल्दी-जल्दी)

आर ए टी, रैट–रैट माने चूहा

सी ए टी, कैट–कैट माने बिल्ली।

(मस्ती में)

डी ओ जी, डौग–डौग माने कुत्ता

भौं भौं भौं

(कलक्टर साहब पाइप पीते हुए आते हैं। सारी बिल्लियाँ डरकर कोनों में दुबक जाती हैं। कलक्टर साहब साधु के ऊपर पैर रखकर खड़े हो जाते हैं।)

(लड़का मस्ती में गाता है)

डिंग, डिंग का डला,
डिंग, पानी में पड़ा

(हँसकर)

डिंग पानी में पड़ा
डिंग, डिंग का डला
डिंग पानी में पड़ा

(तेजी से)

डिंग आग लगी
डिंग बोल पड़ा।
डिंग बोल पड़ा।

(अन्धकार)

(साधुसिंह का घर। बच्ची जमीन पर लेटी है। उसका पेट बिल्कुल कमर से लगा है। दोनों औरतें उसे घेरे बैठी हैं।)

माँ : रज्जो, रज्जो, तेरे ताऊ आ गए।

(कहते हुए सर ढकती है)

बच्ची : ताऊ

साधु : हाँ

बच्ची : ताऊ

साधु : हाँ हाँ, बेटे।

बच्ची : **(रोते हुए बहुत ही निर्जीव आवाज में)** मुझे कुछ दिखाई नहीं दे रहा है ताऊ, मेरे हाथ-पैर अकड़ रहे हैं। मेरे पेट में कटारें चुभ रही हैं ताऊ! मुझे बचा लो, माँ मेरे दिल को कोई कूट रहा है।

साधु : भगवान तू भी बड़ा अन्यायी है। खेती करने के अलावा कोई और हुनर मुझे नहीं दिया तूने! नौ साल की लम्बी भुखमरी

ने मेहनत-मजूरी की ताकत भी छीन ली मुझसे। **(रज्जो से)** लाला के पास जा। रज्जो, उससे कहना कल से उसका कर्जा कम होना शुरू हो जाएगा, आज आखिरी बार एक पाव सत्तू उधार दे दे, **(रज्जो बैठी रहती है)** जा।

बहन : ताऊ!

साधु : जा बेटे, एक बार कोशिश और कर ले।

बच्ची : ताऊ, शहर में साधु होते हैं जो बच्चों को झोली में डालकर ले जाते हैं।

साधु : हाँ

बच्ची : और वे बच्चों को बेच देते हैं।

साधु : हाँ

बच्ची : मुझे बेच दो, कम से कम खाना तो मिलेगा।

साधु : मुनिया **(फफककर रो पड़ता है)**

नेपथ्य : मैं देख रहा हूँ—मुखौटे
छोटे, बड़े, मोटे, पतले मुखौटे
सफेद, नीले, पीले, काले मुखौटे
इन सबके बीच मैं
जिसके नहीं हैं—मुखौटे।
घर, बाग, सड़क
बाजार, मन्दिर, स्कूल
हर जगह मुखौटे सिर्फ मुखौटे
हजारों का हुजूम तेजी से बदल रहा है मुखौटे।
मुखौटेविहीन भी हैं कुछ लोग
झपट रहे हैं भूखे कुत्तों की तरह
नोंचते, खसोटते, धकियाते हुए
समस्त पुरातत्त्ववेत्ताओं, समाजशास्त्रियों की
आदि मानव व्यवहार की

समस्त कल्पनाओं को लजाते हुए
चार्ल्स डार्विन की थ्यौरी
बन्दर मानव का पूर्वज है—को
पूर्णतया गलत साबित करते हुए।
अहिंसा हि परमोधर्मः
कहा होगा किसी बेवकूफ ने
साबित हो रहा था।
आँखों की जगह शेष रह गए
दो भयंकर काले डरावने गड्ढों
के आगे छा गया अँधेरा
दूर करने के लिए मैंने अपने हाथों को उठाया
साफ दिखाई दिया
सूखी हड्डियों पर चढ़ा
घटिया मारकीन जैसा त्वचा कवर
जगह-जगह फट गई खाल में जमा काला बदबूदार खून
हड्डियों का नुकीलापन
गड्ढों में धँसे पिंडों में चुभ गया
जब मैं पुनः देखने योग्य हुआ
तो
दूर खड़े मुखौटाविहीन आदर्शवादियों की
पंक्ति गायब थी
और दो मुखौटाविहीन शव पड़े थे वहाँ
अचानक जी मतला आया मेरा
मुझे लगा कि मैं ओक ओक कर
गन्दा कर दूँगा इस धरती माँ के कलेवर को
मैं सोच ही रहा था कुछ करने की कि
पपड़ियों से आच्छादित सूखे काले होंठों से
निकल कर

न जाने कितना विषैला मैला बाहर निकल आया
ओ ऽ ओ ऽ की आवाज करते हुए
मैं छटपटाने लगा धरती पर
ये क्या?
धरती का कलेवर पहले से भी साफ है
उसकी कुछ मिट्टी मेरे शरीर पर और लग गई
मेरे आमाशय से निकली थी
गन्दी विषैली सूखी हवा।
एक बच्चे ने मुझे देखा
और चीखकर बेहोश हो गया।
याद आ गया उसे दादी माँ की कहानी का प्रेत
भूख से ऐंठती अंतड़ियों को दबाते हुए
सैकड़ों काले मोटे भयंकर चूहों के शोर से
खुद को बचाते हुए
मैंने नजर दौड़ायी
एक भी नहीं था ऐसा जिसके पास न हो मुखौटा
एक वहशी चीख, राक्षसी ताकत लेकर मैं दौड़ पड़ा
छिन्न-भिन्न करने जाल मुखौटों का।

(साधु सिंह धीरे-धीरे उठकर सीधा तनकर खड़ा हो जाता है। उसके चेहरे पर दृढ़ निश्चय के भाव हैं)

(अन्धकार)

दृश्य : चार

(भीड़ और शोर प्रथम दृश्य की भाँति है। हर आवाज कर्कश लगती है। दो ग्रामीण अपराइट में बैठे खाना खा रहे हैं। दो बाबू चाय की दुकान पर चाय पी रहे हैं। अ बैठा ऊँघ रहा है, स कान कुरेद रहा है। अर्जीनवीस जल्दी-जल्दी टाइप कर रहा है। उसके पास एक व्यक्ति खड़ा है, दो व्यक्ति बैठे हैं। एक-दो वकील बगल में फाइलें दबाकर गुजर जाते हैं। कलक्टर साहब का चपरासी एकदम तनकर बैठा है।)

लड़का : पी ई एन, पैन—पैन माने झूला

(अर्जीनवीस टाइप करते-करते हाथ घुमाता है। लड़के के मुँह पर झाँपड़ पड़ता है, वह रोता है। साधुसिंह अपने परिवार के साथ मंच के मध्य में आकर रुकता है। सिर से टूटा हुआ सन्दूक उतारता है। औरतें कन्धे से पोटलियाँ उतारती हैं।)

अर्जीनवीस : पैन माने?

लड़का : झूला।

अर्जीनवीस : फिर झूला?

चपरासी-2 : केस नं० 213 सरकार बनाम मोती लाल, केस नं० 213 सरकार बनाम मोतीलाल, मोतीलाल वल्द होतीलाल अदालत में हाजिर हों।

(इस बीच साधुसिंह चारों तरफ घूर-घूर कर देख रहा है)

लड़का : पैन माने कलम।

साधु : **(जोर से)** खड़ी क्यों हो, बैठ जाओ।

(सारा माहौल चौकन्ना हो जाता है जैसे किसी ने शान्त लहरों में पत्थर फेंक दिया हो। औरतें घबड़ाकर बैठ जाती हैं। अर्जीनवीस टाइप बन्द कर देता है, लड़का किताब बन्द कर देता है।)

साधु : **(चीखकर)** सरकार वक्त ले रही है, दस-पाँच साल में सरकार फैसला करेगी कि अर्जी मंजूर होनी चाहिए या नहीं। सालो, यमराज भी तो हमारा वक्त गिन रहा है।

(भीड़ धीरे-धीरे साधुसिंह की तरफ बढ़ने लगती है।)

उधर हमारा वक्त पूरा करेगा और इधर तुम कहना कि तुम्हारी अर्जी पास हो गई।

(चपरासी की टाँगें स्टूल से नीचे उतरती हैं और वह सीधा हो गया। कम्पाउंड में बिखरकर बैठे और लेटे हुए सब लोग अपनी-अपनी जगह कस गए। कई लोग मंच के मध्य में साधु के इर्द-गिर्द जमा हो जाते हैं)

दो साल से अर्जी दे रखी है कि सालो जमीन के नाम पर तुमने जो गड्ढा एलाट कर दिया है, उसकी जगह मुझे दूसरी जमीन दो। मगर दो साल से अर्जी दो कमरे पार नहीं कर पायी।

(इस बीच भीड़ बिना आवाज किए आपस में बात करती रहती है)

इस कमरे से उस कमरे तक जाने में वक्त लगता है। सरकार वक्त ले रही है।

लो मैं आ गया हूँ यहीं पर अपना घर-बार लेकर। ले लो जितना वक्त तुम्हें लेना है।

व्यक्ति-1 : क्या बात है बाबा?

साधु : सात साल की भुखमरी के बाद मुझे जमीन दी है…वह भी चार बीघे का गड्ढा। उसमें मैं अपने बाप-दादाओं की हड्डियाँ गाड़ूँ? अर्जी दी थी कि मुझे चार बीघे के दो बीघे दे दो, लेकिन जमीन तो दो, मगर अर्जी दो साल से वक्त ले रही है। मैं भूखा मर रहा हूँ और अर्जी वक्त ले रही है।

चपरासी-1 : **(माथे पर तेवर डालकर)** ऐ मिस्टर, चल हियाँ से बाहर, चल उठ।

(औरतें डरकर खड़ी हो जाती हैं)

साधु : **(आराम से फैलते हुए)** मिस्टर यहाँ से नहीं उठ सकता है। **(औरतों से)** बैठो तुम लोग। मिस्टर यहाँ का बादशाह है। पहले मिस्टर देश के बेताज बादशाहों की जय बोलता था। अब वो किसी की जय नहीं बोलता। अब वह आप बादशाह है। हाँ **(अट्टहास)** बेलाज बादशाह, उसे कोई लाज नहीं—शरम नहीं है। उस पर किसी का हुक्म नहीं चलता। समझा चपरासी बादशाह?

चपरासी-1 : अभी पता चल जाएगा तुझे कि तुझ पर किसी का हुक्म चलता है या नहीं? अभी पुलिस के सुपुर्द कर दिया जाएगा तो सारी बादशाही निकल जायेगी।

साधु : हा…हा… हाऽऽ। तेरी पुलिस मेरी बादशाही निकालेगी? मैं पुलिस के सामने नंगा हो जाऊँगा और कहूँगा कि निकालो मेरी बादशाही! हममें से किस-किसकी बादशाही निकालेगी तेरी पुलिस? ये मेरे साथ तीन बादशाह और हैं, बेलाज बादशाह। यह मेरे भाई की बेवा है, उस भाई की जो इकहत्तर की लड़ाई में बम्ब से फट गया था। यह मेरे भाई की लड़की है जो अभी से तपेदिक की मरीज हो गई है, और ये इसकी बड़ी बहन जो ब्याहने लायक हो गई है। ये तीन दिन से अन्न के दाने को तरस रहे थे, आज मैंने इन सबको बादशाही दे

दी है। ले आ तू जाकर अपनी पुलिस को कि आकर इन सबकी बादशाही निकाल दे। कुत्ता साल्ला···

चपरासी-1 : **(गुस्से से टाँग पकड़कर खींचता है)** अभी पता चल जाता है कि कौन साला कुत्ता है।

(टूटे जूते से ठोकर मारते हुए) मैं तुझे मार-मारकर।

(दोनों औरतें डरकर, सहमकर, पीछे हटकर खड़ी हो जाती हैं और लोगों की तरफ इस दृष्टि से देखती हैं कि कोई बचाये, छोटी लड़की रोना शुरू कर देती है। दो बाबू, चपरासी को पकड़कर अलग करते हैं।)

चपरासी-1 : कमीना आदमी दफ्तर में आकर गाली देता है। मैं अभी तुझे···

साधु : एक नहीं तुम सबके सब कुत्ते हो।

(बाबू लोगों के चेहरे पर रोष व्याप्त हो जाता है, मुट्ठियाँ भिंच जाती हैं)

तुम भी कुत्ते हो और मैं भी कुत्ता हूँ। फर्क सिर्फ इतना है कि तुम सरकार के कुत्ते हो और हम लोगों की हड्डियाँ चूसते हो और सरकार की तरफ से भौंकते हो। मैं परमात्मा का कुत्ता हूँ, उसकी दी हुई हवा खाकर जीता हूँ और उसकी तरफ से भौंकता हूँ। उसका घर इन्साफ का घर है। मैं उसके घर की रखवाली करता हूँ। तुम सब उसकी दौलत के लुटेरे हो।

(चपरासी-एक, बाबुओं की पकड़ से छूटने की कोशिश करता है मगर बाबू उसे धकेलकर भेज देते हैं)

तुम पर भौंकना मेरा फर्ज है। मेरे मालिक का फरमान है। मेरा तुमसे अजली बैर है।

ग : अब चुप भी करो बाबा।

साधु : कुत्ते का कुत्ता दुश्मन होता है। तुम मेरे दुश्मन हो, मैं तुम्हारा

दुश्मन हूँ। मैं अकेला हूँ इसलिए तुम सब मिलकर मुझे मारो। मुझे यहाँ से निकाल दो। लेकिन मैं फिर भी भौंकता रहूँगा। **(चीखने के कारण साधु को खाँसी आ जाती है। रज्जो उसकी कमर सहलाती है। बड़ी औरत लोटे में पानी लाती है। पानी पीकर)** तुम मेरा भौंकना बन्द नहीं कर सकते। मेरे अन्दर मेरे मालिक का नूर है, मेरे भगवान का तेज है। मुझे जहाँ बन्द कर दोगे, मैं वहाँ भौंकूँगा और भौंक-भौंककर सबके कान फाड़ दूँगा। साले, आदमी के कुत्ते, जूठी हड्डी पर मरने वाले कुत्ते, दुम हिला-हिलाकर जीने वाले कुत्ते···

स : **(हाथ जोड़कर)** बाबा जी, बस करो। लोगों पर रहम खाओ। तुम बताओ तुम्हारा केस क्या है, तुम्हारा नाम क्या है?

साधु : मेरा नाम बारह सौ छब्बीस बटा सात।
मेरे बाप का दिया हुआ नाम खा लिया है कुत्तों ने। अब यही नाम है जो तुम्हारे दफ्तर का दिया है। मैं बारह सौ छब्बीस बटा सात हूँ। मेरा कोई और नाम नहीं, पता नहीं मेरा नाम याद कर लो, अपनी डायरी में लिख लो। परमात्मा का कुत्ता—बाहर सौ छब्बीस बटा सात।

ब : बाबाजी, आज जाओ, कल-परसों फिर आना। तुम्हारी अर्जी की कार्यवाही तकरीबन-तकरीबन पूरी हो चुकी है।

साधु : **(बिफर कर)** तकरीबन-तकरीबन पूरी हो चुकी है। अब सिर्फ यह देखना है कि पहले मैं पूरा होता हूँ कि पहले वह पूरी होती है। एक तरफ सरकार का हुनर है और दूसरी तरफ परमात्मा का हुनर है। तुम्हारा तकरीबन-तकरीबन अभी दफ्तर में ही रहेगा। और मेरा तकरीबन-तकरीबन कफन में पहुँच जायेगा। सालों ने सारी पढ़ाई खर्च करके दो लफ्ज ईजाद किये हैं—शायद और तकरीबन। शायद आपके कागज ऊपर चले गये हैं—तकरीबन-तकरीबन कार्यवाही पूरी हो गई

है।

शायद से निकालो तो तकरीबन में डाल दो और तकरीबन से निकालो तो शायद में गर्क कर दो। तकरीबन तीन-चार महीने में तहकीकात होगी···शायद महीने-दो महीने में रिपोर्ट आएगी। मैं आज शायद और तकरीबन दोनों घर पर छोड़ आया हूँ। मैं यहाँ बैठा हूँ और यहीं बैठूँगा। मेरा काम होना है तो आज ही होगा और अभी होगा। तुम्हारे शायद और तकरीबन के गाहक ये सब खड़े हैं। यह ठगी इनसे करो।

(बाबू लोग अपनी सद्भावना पर गाली सुनकर वापस लौटने लगते हैं।)

ख : **(क से)** बैठा है, बैठा रहने दो।

ग : **(मुड़ते हुए)** बकता है, बकने दो।

अ : साला बदमाशी से काम निकालना चाहता है।

ब : Let him bark himself to death.

चपरासी-1 : **(अपने बक्से पर बड़बड़ाते हुए जाते हुए)** मैं साले के दाँत तोड़ देता—अब बाबू लोग हाकिम हैं और हाकिमों का कहा मानना पड़ता है। वरना···

व्यक्ति-1 : इतना अन्धेर तो अंग्रेजी राज में भी नहीं था।

व्यक्ति-2 : सुनते हैं, तब तो रिश्वत लेने वाले के हाथ काट दिये जाते थे।

व्यक्ति-1 : अब तो कचहरी की ईंट भी दक्षिणा माँगती है।

व्यक्ति-2 : बाबा सब्र से काम लो, सब भाग्य का चक्कर है।

साधु : भाग्य क्या साला मेरा ही खराब है। ये साले कुत्ते सौ-सौ डेढ़ सौ रुपये ले जाते हैं, इनके भाग्य में भगवान ने तन्दूरी मुर्गा और शराब लिखी है। और मेरे भाग्य में तीन-तीन, चार-चार दिन के फाके। वो सबको एक नजर से देखता है। परमात्मा किसी के भाग्य में भूखा सोना नहीं लिखता, भूखा

सोने पर कुत्ते मजबूर करते हैं।

व्यक्ति-1 : अरे ताऊ, यहाँ मिन्नत चलती है, पैसा चलता है, धौंस नहीं चलती।

साधु : **(बिफर कर)** मगर परमात्मा का हुक्म हर जगह चलता है **(कमीज उतारता है)** और परमात्मा के हुक्म से आज यह बेलाज बादशाह नंगा होकर कलक्टर साहब के कमरे में जायेगा। आज वह अपनी नंगी पीठ पर साहब के डंडे खायेगा। आज वह बूटों की ठोकरें खाकर प्राण देगा। लेकिन वह किसी की मिन्नत नहीं करेगा, किसी को पैसा नहीं चढ़ायेगा, किसी की पूजा नहीं करेगा। जो भगवान की पूजा करता है वह और किसी की पूजा नहीं करता। तो भगवान का नाम लेकर।

(अपनी लुंगी खोलकर फेंके इससे पहले तीन लोग उसे पकड़ लेते हैं)

छोड़ो मुझे, मुझे जाकर इनसे पूछने दो कि क्या सैकड़ों शहीदों ने इसलिए शहादत दी थी कि यह आजादी के साथ इस तरह जिना करें। उसकी मिट्टी खराब करें। उसे टके-टके की फाइलों में बाँधकर जलील करें? लोगों के दिलों में उसके लिए नफरत पैदा करें। इन्सान के तन पर कपड़े देखकर, इन लोगों की समझ में उसकी बात नहीं आती। शरम उसे होती है जो इन्सान हो। मैं तो आपसे कहता हूँ कि मैं इन्सान

(खुद को छुड़ाकर लुंगी खोलने का यत्न करता है।)

नहीं, कुत्ता हूँ।

(भीड़ यकायक छितर जाती है। पाइप पीते हुए गुस्से से कलक्टर साहब आते हैं)

क०स० : क्या बात है? क्या चाहते हो तुम?

साधु : मैं क्या चाहता हूँ? मैं इस धरती के खुदा **(क०स० को इशारा**

करते हुए) से मिलना चाहता हूँ।

क०स० : तमीज़ से बात करो।

साधु : गलती हुई सरकार! **(व्यंग से)** सरकार ने कृपा कर चार बीघे का गड्ढा मेरे नाम एलाट किया है, वह गड्ढा वापस करना चाहता हूँ, ताकि सरकार उसमें एक तालाब बनवा दे और अफसर लोग शाम को वहाँ बैठकर मछलियाँ मारा करें। या उस गड्ढे में सरकार एक तहखाना बनवा दे और मेरे जैसे कुत्तों को वहाँ बन्द कर दे।

क०स० : ज्यादा बातें मत करो। अपना केस लेकर मेरे पास आओ।

साधु : मेरा केस मेरे पास नहीं है साहब! दो साल से सरकार के पास है। मेरे पास अपना शरीर और दो कपड़े हैं। चार दिन के बाद ये भी नहीं रहेंगे, इसलिए इन्हें आज ही उतार देता हूँ। बाकी सिर्फ बारह सौ छब्बीस बटा सात रह जायेगा। बाहर सौ छब्बीस बटा सात परमात्मा के हुजूर में भेज दिया जाएगा।

क०स० : बातें बन्द करो और मेरे साथ आओ।

(मुड़कर जाते हैं, कन्धे पर कमीज रखे साधु भी उनके पीछे जाता है)

साधु : दो साल से चक्कर लगाता रहा, किसी ने नहीं सुना। खुशामदें करता रहा, किसी ने नहीं सुना। वास्ते देता रहा, किसी ने नहीं सुना··· ।

(क०स० की घण्टी बजती है। बाबू लोग बहुत जल्दी-जल्दी काम कर रहे हैं। एक फाइल बहुत तेज चाल से एक टेबिल से दूसरी टेबिल पर मूव कर रही है। बाबू रोते-झींकते बराबर बाहर अन्दर आ-जा रहे हैं। इसी बीच दो बार घण्टी भी बजती है। साधुसिंह मुस्कराता हुआ बाहर निकलता है। अनेक लोग उत्सुकता से उसे देखते

हैं।)

साधु : चूहों की तरह बिटर-बिटर देखने से कुछ नहीं होता। भौंको, भौंको, सबके सब भौंको। अपने आप सालों के कानों के परदे फट जायेंगे। भौंको कुत्तो, भौंको···।

(इसी बीच दोनों औरतें और बच्ची तेज चाल से चलकर साधु के पास आ खड़ी होती हैं। वह दोनों बच्चियों के कन्धे पर हाथ रखकर बादशाह की तरह चलता है। अर्जीनवीस टाइप शुरू कर देता है)

साधु : हयादार हो तो सालो मुँह लटकाये खड़े रहो। अर्जियाँ टाइप कराओ और दस पैसे का पानी पीओ। सरकार वक्त ले रही है, और नहीं तो बेहया बनो। बेहयाई हजार बरक्कत है।

(सहसा साधु सिंह रुकता है और पागलों की तरह हँसता है)

यारों बेहयाई हजार बरक्कत है।

(अन्धकार)

दृश्य : पाँच

(प्रथम दृश्य वाला माहौल। मंच के मध्य में वकील एक और साधुसिंह खड़े हैं। अर्जीनवीस टाइप कर रहा है। उसका लड़का आगे-पीछे होता याद कर रहा है परन्तु उसकी आवाज नहीं सुनाई देती है।)

वकील : तुमने उन्हें आर्डर नहीं दिखाया?

साधु : दिखाया हुजूर, मगर चौधरी ने उसे बिना पढ़ फाड़कर चिंदी-चिंदी कर, खेत में फैला दिया।

वकील : तुमने विरोध नहीं किया?

साधु : विरोध किया, उसी का नतीजा है कि पाँच लठैतों ने इतना मारा कि बेहोश हो गया।

वकील : रिपोर्ट कराई?

साधु : थाने में डाँटकर भगा दिया, चौधरी का भतीजा दरोगा है।

वकील : हूँ, पाँच सौ रुपये फीस होगी।

साधु : **(आश्चर्य से)** पाँच सौ।

(अन्धकार, स्पॉट लाइट पहले चाय की दुकान पर आती है उसके बाद वहाँ जहाँ अ बैठा है।)

ख : वह शर्मा बैठा है आओ टाइम पास करते हैं। एक आध चोरी की कविता भी सुनने को मिलेगी।

क : कहो भई शर्मा, क्या हो रहा है?

अ : **(शरमाते हुए)** कुछ नहीं, बस ऐसे ही।

ग : ऐसे ही क्या?

अ : थोड़ा-सा।

क : थोड़ा-सा क्या?

अ : **(शरमाकर)** लिख रहा था।

ख : जोड़-तोड़ कर रहे होंगे।

अ : **(नाराजगी से)** मैंने आज तक जोड़-तोड़ नहीं किया।

ग : क्या तुम खुद ही लिखते हो?

अ : मैं हलफनामा उठाने को तैयार हूँ।

क : बेकार सवा पाँच रुपये खर्च हो जायेंगे।

ख : और नोटरी की फीस?

क : वह माफ करा देंगे।

(सब हँसते हैं)

अ : अब मुझे उठाना ही पड़ेगा। **(खड़ा होता है)**

ग : क्या?

अ : हलफनामा।

क : **(जबरन बैठाते हुए)** बैठो यार। हाँ, जरा हम भी तो सुनें, क्या लिखा है?

अ : देखो भई मजाक नहीं। कलाकार सब कुछ बरदाश्त कर सकता है पर यह नहीं कि कोई उसकी कला की बेइज्जती करे।

क : किसने की है?

ख : कौन है?

ग : पकड़ कर लाओ।

अ : तो सुनाऊँ।

क, ख, ग : इरशाद, इरशाद।

अ : शुक्रिया।

इज्जत,

किसकी

ख : भई कविता है या question paper.

ग : सुनने दे यार।

(अ जाने लगता है)

ख : चले कहाँ, सुनाओ ना शर्मा।

अ : तुम लोगों में जरा-सा भी सलीका नहीं कि एक कलाकार से किस तरह पेश आया जाता है।

क : **(जबरदस्ती शर्मा को बैठाते हुए)** कपूर तुम बिल्कुल बेवकूफ हो। शर्मा अपना यार है इसलिए इसकी कद्र नहीं करते।

ग : शर्मा का दीवान तो कभी कोई रिसर्च करने वाला ही मुरतब करेगा।

(शर्मा खुश होकर बैठ जाता है फिर एकदम कवियों के अन्दाज में कविता कहना शुरू करता है। क, ख, ग बीच में हरकतें करते रहते हैं। दूर साधु बैठा अपनी बात कहने का अवसर ढूंढ़ रहा है।)

अ : इज्जत
किसकी, मेरी, आपकी, उसकी
नहीं।
चोर की
चोर की, स्मगलर की, नेता की
गिरहकट की, डकैत की, अभिनेता की
क्यों?

क, ख, ग : क्यों?

अ : क्योंकि
लक्ष्मी है उनके पास।
फिर,
फिर क्यों नहीं लक्ष्मी वेश्या की
क्योंकि वह स्पष्ट वक्ता है।

उसकी

करनी

और कथनी सामंजस्य है।

ग : किसकी है?

अ : मेरी।

क, ख : नहीं

अ : मैं हलफनामा उठाने को तैयार हूँ।

ख : कुछ परसेन्ट।

अ : नहीं, सेन्ट परसेन्ट।

क : नहीं मान सकते।

अ : मैं खुदा को हाजिर-नाजिर···

साधु : हुजूर।

अ : **(चीखकर)** गेट आउट

(अन्धकार)

(प्रकाश होने पर मंच के मध्य में वकील और औरत खड़े हैं।)

औरत : मेरे पैसे वापस कर।

वकील : कैसे पैसे?

औरत : कैसे पैसे, अरे अपनी माँ के खसम, वो पैसे जो तैंने अपने हलक में ठूँसे हैं। तूने मुझ वक्त की मारी को कहीं का नहीं छोड़ा। कहता था मैं गारन्टी से केस लेता हूँ, कहाँ है तेरी गारन्टी?

वकील : जब मुजरिम खुद कहे कि मैंने खून किया है तो वकील···

औरत : तूने गारन्टी ली थी, नहीं?

वकील : गारन्टी का मतलब होता है···

औरत : गारन्टी का मतलब समझाना अपनी बहन को, मेरे रुपये लौटा।

वकील : वकील कभी पैसे नहीं लौटाता चाहे कोई जीते या हारे।

औरत : **(झपटते हुए)** तेरा तो बाप भी लौटायेगा।

(वकील, चपरासी 1-2 को इशारा करता है। दोनों दौड़कर आते हैं। औरत को घसीटते हुए बाहर ले जाते हैं।)

(रोते हुए) भगवान करे तेरे कीड़े पड़ें, तुझे कफन भी नसीब…

(साधु व वकील पर प्रकाश होता है)

वकील : भई यह केस चौधरी की नाक का सवाल है। उसने कलक्टर साहब से कह दिया था कि आप सीलिंग में आई जमीन जब्त तो कर सकते हैं पर किसी दूसरे को एलाट नहीं कर पायेंगे।

साधु : फिर हुजूर।

वकील : मैं तुम्हें कब्जा दिलाऊँगा।

साधु : मगर सरकार, पाँच सौ।

वकील : साधु, तुम मेरे पुराने मुवक्किल हो, तुमसे किश्तों में ले लेंगे।

(अर्जीनवीस के पास जाकर उसे समझाता है, अर्जीनवीस टाइप राइटर पर नया कागज चढ़ाता है, साधु उसके पास उकड़ूँ बैठ जाता है, वकील जाता है। शोर और तेज हो जाता है।)

लड़का : डी ई एन, डेन—डेन माने अँधेरी गुफा
डी ई एन, डेन—डेन माने अँधेरी गुफा

(अर्जीनवीस लड़के को घूरकर देखता है। लड़का घबड़ाकर)

ए पी पी एल ई, एप्पिल—एप्पिल माने सेब।
बी ए टी, बैट—बैट माने बल्ला।
सी ए टी, कैट—कैट मान बिल्ली।

(अन्धकार)

परमात्मा का कुत्ता

(कहानी)

बहुत से लोग यहाँ-वहाँ सिर लटकाए बैठे थे जैसे किसी का मातम करने आए हों। कुछ लोग अपनी पोटलियाँ खोलकर खाना खा रहे थे। दो-एक व्यक्ति पगड़ियाँ सिर के नीचे रखकर कम्पाउण्ड के बाहर सड़क के किनारे बिखर गए थे। छोले-कुलचे वाले का रोजगार गरम था, और कमेटी के नल के पास एक छोटा-मोटा क्यू लगा था। नल के पास कुर्सी डालकर बैठा अर्जीनवीस धड़ाधड़ अर्जियाँ टाइप कर रहा था। उसके माथे से बहकर पसीना उसके होंठों पर आ रहा था, लेकिन उसे पोंछने की फुरसत नहीं थी। सफेद दाढ़ियों वाले दो-तीन लम्बे-ऊँचे जाट, अपनी लाठियों पर झुके हुए उसके खाली होने का इन्तजार कर रहे थे। धूप से बचने के लिए अर्जीनवीस ने जो टाट का परदा लगा रखा था, वह हवा से उड़ा जा रहा था। थोड़ी दूर मोढ़े पर बैठा उसका लड़का अंगेजी प्राइमर को रट्टा लगा रहा था—सी ए टी कैट—कैट माने बिल्ली; बी ए टी बैट—बैट माने बल्ला; एफ ए टी फैट—फैट माने मोटा…। कमीजों के आधे बटन खोले और बगल में फाइलें दबाए कुछ बाबू एक-दूसरे से छेड़खानी करते, रजिस्ट्रेशन ब्रांच से रिकार्ड ब्रांच की तरफ जा रहे थे। लाल बेल्ट वाला चपरासी, आस-पास की भीड़ से उदासीन अपने स्टूल पर बैठा मन ही मन कुछ हिसाब कर रहा था। कभी उसके होंठ हिलते थे और कभी सिर हिल जाता था। सारे कम्पाउण्ड में सितम्बर की खुली धूप फैली हुई थी। चिड़ियों के कुछ बच्चे डालों से कूदने और फिर ऊपर को उड़ने का अभ्यास कर रहे थे और कई बड़े-बड़े कौए पोर्च के एक सिरे से दूसरे सिरे तक चहलकदमी कर रहे थे। एक सत्तर-पचहत्तर की बुढ़िया, जिसका सिर काँप रहा था और चेहरा झुर्रियों के गुंझल के सिवा कुछ नहीं था, लोगों से पूछ रही थी कि वह अपने लड़के के मरने के बाद उसके नाम एलाट हुई जमीन की हकदार हो जाती है या नहीं…?

अंदर हाल कमरे में फाइलें धीरे-धीरे चल रही थीं। दो-चार बाबू बीच की मेज के पास जमा होकर चाय पी रहे थे। उनमें से एक दफ्तरी कागज पर लिखी अपनी ताजा ग़ज़ल दोस्तों को सुना रहा था और दोस्त इस विश्वास के साथ सुन रहे थे कि वह ग़ज़ल उसने 'शमा' या 'बीसवीं सदी' के किसी पुराने अंक में से उड़ाई है।

"अजीज साहब, ये शेअर आपने आज ही कहे हैं या पहले के कहे हुए शेअर आज अचानक याद हो आये हैं?" साँवले चेहरे और घनी मूंछों वाले एक बाबू ने बाईं आँख को जरा-सा दबाकर पूछा। आस-पास खड़े सब लोगों के चेहरे खिल गए।

"यह बिल्कुल ताजा ग़ज़ल है," अजीज साहब ने अदालत में खड़े होकर हलफिया बयान देने के लहजे में कहा, "इससे पहले भी इसी वजन पर कोई और चीज कही हो तो याद नहीं।" और फिर आँखों से सबके चेहरों को टटोलते हुए वे हल्की हँसी के साथ बोले, "अपना दीवान तो कोई रिसर्चदाँ ही मुरत्तब करेगा···।"

एक फरमायशी कहकहा लगा जिसे 'शी-शी' की आवाजों ने बीच में ही दबा दिया। कहकहे पर लगाई गई इस ब्रेक का मतलब था कि कमिश्नर साहब अपने कमरे में तशरीफ ले आए हैं। कुछ देर का वक्फा रहा, जिसमें सुरजीत सिंह वल्द गुरमीत सिंह की फाइल एक मेज से एक्शन के लिए दूसरी मेज पर पहुँच गई, सुरजीत सिंह वल्द गुरमीत सिंह मुस्कराता हुआ हाल से बाहर चला गया, और जिस बाबू की मेज से फाइल गई थी, वह पाँच रुपये के नोट को सहलाता हुआ चाय पीने वालों के जमघट में आ शामिल हुआ। अजीज साहब अब आवाज जरा धीमी करके ग़ज़ल का अगला शेअर सुनाने लगे।

साहब के कमरे से घंटी हुई। चपरासी मुस्तैदी से उठकर अन्दर गया और उसी मुस्तैदी से वापस आकर फिर अपने स्टूल पर बैठ गया।

चपरासी से खिड़की का पर्दा ठीक कराकर कमिश्नर साहब ने मेज पर रखे ढेर से कागजों पर एक साथ दस्तखत किए और पाइप सुलगाकर 'रीडर्ज

डाइजेस्ट' का ताजा अंक बैग से निकाल लिया। लेटीशिया बाल्ड्रिज का लेख कि उसे इतालवी मर्दों से क्यों प्यार है, वे पढ़ चुके थे। और लेखों में हृदय की शल्य चिकित्सा के सम्बन्ध में जे०डी० रैटक्लिफ का लेख उन्होंने सबसे पहले पढ़ने के लिए चुन रखा था। पृष्ठ एक सौ ग्यारह खोलकर वे हृदय के नये आपरेशन का ब्यौरा पढ़ने लगे।

तभी बाहर से कुछ शोर सुनाई देने लगा।

कम्पाउण्ड में पेड़ के नीचे बिखरकर बैठे लोगों में चार नये चेहरे आ शामिल हुए थे। एक अधेड़ आदमी था जिसने अपनी पगड़ी जमीन पर बिछा ली थी और हाथ पीछे करके तथा टाँगें फैलाकर उस पर बैठ गया था। पगड़ी के सिरे की तरफ उससे जरा बड़ी उम्र की एक स्त्री और एक जवान लड़की बैठी थी; और उनके पास खड़ा एक दुबला-सा लड़का आस-पास की हर चीज को घूरती नजर से देख रहा था, अधेड़ मरद की फैली हुई टाँगें धीरे-धीरे पूरी खुल गई थीं और आवाज इतनी ऊँची हो गई थी कि कम्पाउण्ड के बाहर से भी बहुत से लोगों का ध्यान उसकी तरफ खिंच गया था। वह बोलता हुआ साथ अपने घुटने पर हाथ मार रहा था। "सरकार वक्त ले रही है! दस-पाँच साल में सरकार फैसला करेगी कि अर्जी मंजूर होनी चाहिए या नहीं। सालो, यमराज भी तो हमारा वक्त गिन रहा है, उधर वह वक्त पूरा होगा और इधर तुमसे पता चलेगा कि हमारी अर्जी मंजूर हो गई है।"

चपरासी की टाँगें जमीन पर पुख्ता हो गईं, और वह सीधा खड़ा हो गया। कम्पाउण्ड में बिखर कर बैठे और लेटे हुए लोग अपनी-अपनी जगह पर कस गए। कई लोग उस पेड़ के पास आ जमा हुए।

"दो साल से अर्जी दे रखी है कि सालो, जमीन के नाम पर तुमने मुझे जो गड्ढा एलाट कर दिया है, उसकी जगह कोई दूसरी जमीन दो। मगर दो साल से अर्जी यहाँ के दो कमरे ही पार नहीं कर पाई!" वह आदमी अब जैसे एक मजमे में बैठकर तकरीर करने लगा, "इस कमरे से उस कमरे में अर्जी के जाने में भी वक्त लगता है! इस मेज से उस मेज तक जाने में भी वक्त लगता है! सरकार वक्त ले रही है! लो, मैं आ गया हूँ आज यहीं पर

अपना सारा घर-बार लेकर। ले लो जितना वक्त तुम्हें लेना है! ···सात साल की भुखमरी के बाद सालों ने जमीन दी है मुझे—सौ मरले का गड्ढा! उसमें क्या मैं बाप-दादों की अस्थियाँ गाड़ूँगा? अर्जी दी थी कि मुझे सौ मरले की जगह पचास मरले दे दो लेकिन जमीन तो दो! मगर अर्जी दो साल से वक्त ले रही है! मैं भूखा मर रहा हूँ, और अर्जी वक्त ले रही है!"

चपरासी अपने हथियार लिए हुए आगे आया—माथे पर त्योरियाँ और आँखों में क्रोध। आस-पास की भीड़ को हटाता हुआ वह उसके पास आ गया।

"ए मिस्टर, चल हियाँ से बाहर!" उसने हथियारों की पूरी चोट के साथ कहा, "चल···उठ···!"

"मिस्टर, आज यहाँ से नहीं उठ सकता!" वह आदमी अपनी टाँगें थोड़ी और चौड़ी करके बोला, "मिस्टर आज यहाँ का बादशाह है। पहले मिस्टर देश के बेताज बादशाहों की जय बुलाता था। अब किसी की जय नहीं बुलाता। अब वह खुद यहाँ का बादशाह है···बेलाज बादशाह। उसे कोई लाज-शरम नहीं है। उस पर किसी का हुक्म नहीं चलता। समझे चपरासी बादशाह।"

"अभी तुझे पता चल जाएगा कि तुझ पर किसी का हुक्म चलता है या नहीं," चपरासी बादशाह और गरम हुआ, "अभी पुलिस के सुपुर्द कर दिया जाएगा तो तेरी सारी बादशाही ही निकल जाएगी···।"

"हाँ-हाँ!" बेलाज बादशाह हँसा। "तेरी पुलिस मेरी बादशाही निकालेगी? तू बुला पुलिस को। मैं पुलिस के सामने नंगा हो जाऊँगा और कहूँगा कि निकालो मेरी बादशाही! हममें से किस-किसकी बादशाही निकालेगी पुलिस? ये मेरे साथ तीन बादशाह और हैं। यह मेरे भाई की बेवा है—उस भाई की जिसे पाकिस्तान में टाँगों से पकड़कर चीर दिया गया था। यह मेरे भाई का लड़का है जो अभी से तपेदिक का मरीज है। और यह मेरे भाई की लड़की है जो अब ब्याहने लायक हो गई है। इसकी बड़ी कुँवारी बहन आज भी पाकिस्तान में है। आज मैंने इन सबको बादशाही दे दी है। तू ले आ जाकर अपनी पुलिस, कि आकर इन सबकी बादशाही निकाल दे। कुत्ता साला···।"

अन्दर से कई-एक बाबू निकलकर बाहर आ गए थे। 'कुत्ता साला' सुनकर चपरासी आपे से बाहर हो गया। वह तैश में उसे बांह से पकड़ कर घसीटने लगा। "तुझे अभी पता चल जाता है कि कौन साला कुत्ता है! मैं तुझे मार-मार कर···" और उसने उसे अपने टूटे हुए बूट की एक ठोकर दी। स्त्री और लड़की सहमकर वहाँ से हट गईं। लड़का एक तरफ खड़ा होकर रोने लगा।

बाबू लोग भीड़ को हटाते हुए आगे बढ़ आए और उन्होंने चपरासी को उस आदमी के पास से हटा लिया। चपरासी फिर भी बड़बड़ाता रहा। "कमीना आदमी, दफ्तर में आकर गाली देता है। मैं अभी तुझे दिखा देता कि···"

"एक तुम्हीं नहीं, यहाँ तुम सबके सब कुत्ते हो," वह आदमी कहता रहा, "तुम सब भी कुत्ते हो, और मैं भी कुत्ता हूँ। फर्क सिर्फ इतना है कि तुम लोग सरकार के कुत्ते हो—हम लोगों की हड्डियाँ चूसते हो और सरकार की तरफ से भौंकते हो। मैं परमात्मा का कुत्ता हूँ। उसकी दी हुई हवा खाकर जीता हूँ, और उसकी तरफ से भौंकता हूँ। उसका घर इन्साफ का घर है। मैं उसके घर की रखवाली करता हूँ। तुम सब उसके इन्साफ की दौलत के लुटेरे हो। तुम पर भौंकना मेरा फर्ज है, मेरे मालिक का फरमान है। मेरा तुमसे अजली बैर है। कुत्ते का बैरी कुत्ता होता है। तुम मेरे दुश्मन हो, मैं तुम्हारा दुश्मन हूँ। मैं अकेला हूँ, इसलिए तुम सब मिलकर मुझे मारो। मुझे यहाँ से निकाल दो। लेकिन मैं फिर भी भौंकता रहूँगा। तुम मेरा भौंकना बन्द नहीं कर सकते। मेरे अन्दर मेरे मालिक का नूर है, मेरे वाहगुरु का तेज है। मुझे जहाँ बन्द कर दोगे, मैं वहाँ भौकूँगा, और भौंक-भौंककर तुम सबके कान फाड़ दूँगा। साले, आदमी के कुत्ते, जूठी हड्डी पर मरने वाले कुत्ते, दुम हिला-हिलाकर जीने वाले कुत्ते···!"

"बाबा जी, बस करो," एक बाबू हाथ जोड़ कर बोला, "हम लोगों पर रहम खाओ, और अपनी यह सन्तबानी बन्द करो। बताओ, तुम्हारा नाम क्या है, तुम्हारा केस क्या है···?"

"मेरा नाम है बारह सौ छब्बीस बटा सात! मेरे माँ-बाप का दिया हुआ

नाम खा लिया कुत्तों ने। अब यही नाम है जो तुम्हारे दफ्तर का दिया हुआ है। मैं बारह सौ छब्बीस बटा सात हूँ। मेरा और कोई नाम नहीं है। मेरा यह नाम याद कर लो। अपनी डायरी में लिख लो। वाहगुरु का कुत्ता—बारह सौ छब्बीस बटा सात।"

"बाबा जी, आज जाओ, कल या परसों आ जाना। तुम्हारी अर्जी की कार्रवाई तकरीबन-तकरीबन पूरी हो चुकी है···।"

"तकरीबन-तकरीबन पूरी हो चुकी है! और मैं खुद ही तकरीबन-तकरीबन पूरा हो चुका हूँ! अब देखना यह है कि पहले कार्रवाई पूरी होती है कि पहले मैं पूरा होता हूँ! एक तरफ सरकार का हुनर है और दूसरी तरफ परमात्मा का हुनर है! तुम्हारा तकरीबन-तकरीबन अभी दफ्तर में ही रहेगा और मेरा तकरीबन- तकरीबन कफन में पहुँच जाएगा। सालों ने सारी पढ़ाई खर्च करके दो लफ्ज याद किये हैं—शायद और तकरीबन। शायद आपके कागज ऊपर चले गए हैं—तकरीबन-तकरीबन कार्रवाई पूरी हो चुकी है! शायद से निकालो और तकरीबन में डाल दो! तकरीबन से निकालो और शायद में गर्क कर दो। 'तकरीबन तीन-चार महीने में तहकीकात होगी।···शायद महीने-दो महीने में रिपोर्ट आएगी।' मैं आज शायद और तकरीबन दोनों घर पर छोड़ आया हूँ। मैं यहाँ बैठा हूँ और यहीं बैठा रहूँगा। मेरा काम होना है, तो आज ही होगा और अभी होगा। तुम्हारे शायद और तकरीबन के गाहक ये सब खड़े हैं। यह ठगी इनसे करो···।"

बाबू लोग अपनी सद्भावना के प्रभाव से निराश होकर एक-एक करके अन्दर लौटने लगे।

"बैठा है, बैठा रहने दो।"

"बकता-है, बकने दो।"

"साला बदमाशी से काम निकालना चाहता है।"

"लेट हिम बार्क हिमसेल्फ टु डेथ।"

बाबुओं के साथ चपरासी भी बड़बड़ाता हुआ अपने स्टूल पर लौट गया। "मै साले के दाँत तोड़ देता। अब बाबू लोग हाकिम हैं और हाकिमों का कहा

मानना पड़ता है, वरना…"

"अरे बाबा, शान्ति से काम ले। यहाँ मिन्नत चलती है, पैसा चलता है, धौंस नहीं चलती," भीड़ में से कोई उसे समझाने लगा।

वह आदमी उठकर खड़ा हो गया।

"मगर परमात्मा का हुक्म हर जगह चलता है," वह अपनी कमीज उतारता हुआ बोला, "और परमात्मा के हुक्म से आज बेलाज बादशाह नंगा होकर कमिश्नर साहब के कमरे में जाएगा। आज वह नंगी पीठ पर साहब के डण्डे खाएगा। आज वह बूटों की ठोकरें खाकर प्राण देगा। लेकिन वह किसी की मिन्नत नहीं करेगा। किसी को पैसा नहीं चढ़ाएगा। किसी की पूजा नहीं करेगा। जो वाहगुरु की पूजा करता है, वह और किसी की पूजा नहीं कर सकता। तो वाहगुरु का नाम लेकर…"

और इससे पहले कि वह अपने कहे को किए में परिणत करता, दो-एक आदमियों ने बढ़कर तहमद की गाँठ पर रखे उसके हाथ को पकड़ लिया। बेलाज बादशाह अपना हाथ छुड़ाने के लिए संघर्ष करने लगा।

"मुझे जाकर पूछने दो कि क्या महात्मा गाँधी ने इसीलिए इन्हें आजादी दिलाई थी कि ये आजादी के साथ इस तरह सम्भोग करें? उसकी मिट्टी खराब करें? उसके नाम पर कलंक लगाएँ? उसे टके टके की फाइलों में बाँधकर जलील करें? लोगों के दिलों में उसके लिए नफरत पैदा करें? इन्सान के तन पर कपड़े देखकर बात इन लोगों की समझ में नहीं आती। शरम तो उसे आती है जो इन्सान हो। मैं तो आप कहता हूँ कि मैं इन्सान नहीं, कुत्ता हूँ…!"

सहसा भीड़ में एक दहशत-सी फैल गई। कमिश्नर साहब अपने कमरे से बाहर निकल आए थे। वे माथे की त्योरियों और चेहरे की झुर्रियों को गहरा किये भीड़ के बीच में आ गए।

"क्या बात है? क्या चाहते हो तुम?"

"आपसे मिलना चाहता हूँ, साहब," वह आदमी साहब को घूरता हुआ बोला, "सौ मरले का एक गड्ढा मेरे नाम एलाट हुआ है। वह गड्ढा आपको

वापस करना चाहता हूँ ताकि सरकार उसमें तालाब बनवा दे, और अफसर लोग शाम को वहाँ जाकर मछलियाँ मारा करें। या उस गड्ढे में सरकार एक तहखाना बनवा दे और मेरे-जैसे कुत्तों को उसमें बन्द कर दे···।"

"ज्यादा बक-बक मत करो, और अपना केस लेकर मेरे पास आओ।"

"मेरा केस मेरे पास नहीं है, साहब! दो साल से सरकार के पास है—आपके पास है। मेरे पास अपना शरीर और दो कपड़े हैं। चार दिन बाद ये भी नहीं रहेंगे, इसलिए इन्हें भी आज ही उतारे दे रहा हूँ। इसके बाद बाकी सिर्फ बारह सौ छब्बीस बटा सात रह जाएगा। बार सौ छब्बीस बटा सात को मार-मारकर परमात्मा के हुजूर में भेज दिया जाएगा···।"

"यह बकवास बन्द करो और मेरे साथ अन्दर आओ।"

और कमिश्नर साहब अपने कमरे में वापस चले गये। वह आदमी भी कमीज कन्धे पर रखे उस कमरे की तरफ चल दिया।

"दो साल चक्कर लगाता रहा, किसी ने बात नहीं सुनी। खुशामदें करता रहा, किसी ने बात नहीं सुनी। वास्ते देता रहा, किसी ने बात नहीं सुनी···।"

चपरासी ने उसके लिए चिक उठा दी और वह कमिश्नर साहब के कमरे में दाखिल हो गया। घण्टी बजी, फाइलें हिलीं, बाबुओं की बुलाहट हुई, और आधे घण्टे के बाद बेलाज बादशाह मुस्कराता हुआ बाहर निकल आया। उत्सुक आँखों की भीड़ ने उसे आते देखा, तो वह फिर बोलने लगा, 'चूहों की तरह बिटर-बिटर देखने से कुछ नहीं होता। भौंको, भौंको, सबके-सब भौंको। अपने आप सालों के कान फट जाएँगे। भौंको कुत्तो, भौंको···"

उसकी भौजाई दोनों बच्चों के साथ गेट के पास खड़ी इन्तजार कर रही थी। लड़के और लड़की के कन्धों पर हाथ रखे हुए वह सचमुच बादशाह की तरह सड़क पर चलने लगा।

"हयादार हो, तो सालहा-साल मुँह लटकाए खड़े रहो। अर्जियाँ टाइप कराओ और नल का पानी पियो। सरकार वक्त ले रही है! नहीं बेहया बनो।

बेहयाई हजार बरक्कत है।"

वह सहसा रुका और जोर से हँसा।

"यारो, बेहयाई हजार बरक्कत है।"

उसके चले जाने के बाद कम्पाउण्ड में और आस-पास मातमी वातावरण पहले से और गहरा हो गया। भीड़ धीरे-धीरे बिखरकर अपनी जगहों पर चली गई। चपरासी की टाँगें फिर स्टूल पर झूलने लगीं। सामने के कैन्टीन का लड़का बाबुओं के कमरे में एक सेट चाय ले गया। अर्जीनवीस की मशीन चलने लगी और टिक-टिक की आवाज के साथ उसका लड़का फिर अपना सबक दोहराने लगा। "पी ई एन पेन—पेन माने कलम; एच ई एन हेन—हेन माने मुर्गी; डी ई ऐन डेन—डेन माने अँधेरी गुफा···!"

मोहन राकेश की रंगसृष्टि

(डॉ०) श्रीमती गिरीश रस्तोगी

अन्तर्विरोधों के बावजूद मोहन राकेश के नाटक 'नवनाट्यान्दोलन' की संज्ञा और हिन्दी रंगमंच की पृथक् सत्ता को स्थापित करने वाले तो हैं ही, नाट्य साहित्य, रंगमंच नाट्य भाषा, नाट्य समीक्षा और रंगकर्म प्रस्तुतीकरण आदि पर भिन्न ढंग से सोचने करने पर विवश करने वाले भी हैं। नाटक और रंगमंच दोनों स्तर पर उनका उद्देश्य सहसा कोई क्रांति पैदा कर देना नहीं था बल्कि वह निरन्तर उस परिवर्तन और आधुनिक सन्दर्भ की दिशा में सृजन और मौलिकता की दृष्टि से कुछ 'सोच' रहे थे जो उनकी हर नाट्यकृति में उजागर हुआ। कथ्य से अधिक उनके नाटकों में जो पूरी रचना में गूँथी हुई रंगदृष्टि मिली, जो रंगमंच की सम्पूर्ण परिकल्पना मिली, आन्तरिक स्तर पर अभिनय की जो सूक्ष्म भंगिमाएँ, आरोह, अवरोह मिला और एक नया तेवर, प्रवाह और गति मिली, वह ध्यान देने योग्य है। यह स्पष्ट हो चुका है कि उनके नाटक जीवन के यथार्थ और अनुभव के विस्तार और वैविध्य को लेकर नहीं चलते, यह भी कि उनके नाटकों में एक रोमांटिक वातावरण है, और यह भी कि उनके पात्र आधुनिक तो हैं पर स्थितियों और सवालों से टकराते नहीं, बचकर निकल जाते हैं। ये राकेश के निजी व्यक्तित्व के प्रभाव, उनके अपने अन्तर्विरोध हो सकते हैं लेकिन ये बहुत महत्त्वपूर्ण तत्व नहीं हैं क्योंकि उन्होंने हिन्दी नाटक के बहुत लम्बे शून्य को तोड़ा था, नाटक और रंगमंच की सहसा एक नई जमीन बनाई थी और पहली बार नाट्य विधा को उसकी अपनी शर्तों-मांगों के अनुसार ग्रहण किया था और प्रत्यक्ष उसका उदाहरण प्रस्तुत किया था। पहली बार नाटक की रचना को उसकी प्रस्तुतीकरण प्रक्रिया का जरूरी हिस्सा अनुभव किया था

और स्वयं उस प्रक्रिया से बार-बार गुजरे भी थे। अभी तक नाट्य समीक्षक नये नाटक और रंगमंच के संदर्भ में बार-बार अकेले मोहन राकेश का नाम ही दोहराते हैं—इसलिए नहीं कि वही अकेले हैं बल्कि इसलिए कि उन्होंने नाट्य विधा को व्यापक रचनात्मक अनुभव, साक्षात्कार का माध्यम बनाते हुए हिन्दी नाटक और रंगमंच को भारतीय स्तर पर प्रतिष्ठित किया और 'सामूहिक कला' का पूरा 'समूह' खड़ा किया, दर्शक वर्ग जैसी संज्ञा को स्थापित किया, एक आन्दोलन जैसा वातावरण पैदा किया।

मोहन राकेश के सामने प्रश्न आधुनिक संवेदना को व्यक्त करने का नहीं था क्योंकि वह तो अन्य विधाओं के माध्यम से वह कर ही रहे थे, मुख्य था उसे संप्रेषित करने का, हिन्दी में रंगमंच के नाम पर व्याप्त शून्यता, जड़ता को तोड़ने और एक समारम्भ करने तथा संस्कार देने का और साथ ही नाटक और रंगमंच के प्रति जीवन में एक आकर्षण, एक सुरुचि पैदा करने का। इस दृष्टि से पहला ही नाटक 'आषाढ़ का एक दिन' बेजोड़ है। उनके नाटक कथ्य के भीतर से शिल्प की तलाश करते हुए और भारतीय वातावरण एवं संस्कार से सम्पन्न रंगमंच, रंगशैली का अन्वेषण करते हुए लगते हैं। यह नाटक उनकी 'भारतीयता' और 'आधुनिकता' और हमारे अपने परिवेश में से ही अर्थ और सौन्दर्य निकालने की आकुलता को प्रत्यक्ष सामने लाता है। भूमिका में हिन्दी रंगमंच के सम्बंध में उन्होंने कहा भी है कि प्रश्न केवल आर्थिक सुविधा का ही नहीं, एक सांस्कृतिक दृष्टि का भी है। हिन्दी रंगमंच को हिन्दीभाषी प्रदेश की सांस्कृतिक पूर्तियों और आकांक्षाओं का प्रतिनिधित्व करना होगा। इस रंगमंच का रूपविधान नाटकीय प्रयोगों के अभ्यन्तर से जन्म लेगा। यह वक्तव्य उनकी सर्जनात्मक दृष्टि और सांस्कृतिक चेतना को व्यक्त करता है। हिन्दी रंगमंच को राकेश ने आधुनिक रंगशालाओं की सुविधाओं, बाह्य उपकरणों की टीम-टाम, पश्चिमी रंगशैलियों की चकाचौंध से मुक्त हमारे दैनन्दिन जीवन की रागात्मकता और जीवन्तता से जुड़ा हुआ देखना चाहा। यही कारण है कि उनकी रंगमंचीय परिकल्पना में किसी प्रकार की विलक्षणता नहीं दीखती बल्कि संभावनाओं का विस्तार मिलता है जिससे उनके नाटकों के अनेक प्रस्तुतीकरण,

अनेक भाषाओं में, अनेक कला माध्यमों से हो सके। प्रायः यह आरोप लगाया जाता रहा है कि राकेश के नाटकों में निर्देशकीय विवरण बहुत विस्तृत है और उन्होंने घिसी-पिटी रंगयुक्तियों का प्रयोग किया है। ये बातें अपने स्थान पर सही हैं। राकेश की निर्देशकीय टिप्पणियों से लगता है कि वह निर्देशक की कल्पना के लिए कुछ भी छोड़ना नहीं चाहते लेकिन वस्तुतः यह उस समय की माँग भी थी। पुराने 'साहित्यिक' नाटकों के कृत्रिम 'लिखित' रंग निर्देशों के विपरीत इन रंग-निर्देशों की एक अहमियत भी है। नये रंगकर्मियों के लिए वह एक प्रकार से पृष्ठभूमि भी तैयार करते थे, एक दिशा भी देते थे। अनुभवी सृजनशील निर्देशक यूँ भी अपनी स्वतंत्र कल्पनाशक्ति का उपयोग करता ही है। देखा जाए तो राकेश के नाटकों में रंगमंच कोई पृथक् प्रयत्न या सत्ता या विशिष्ट कलारूप नहीं है, यह उस नाटक के सम्पूर्ण रचाव में ही मौजूद है। जैसे ये विशेषताएँ उनके हर नाटक में मिलेंगी।

नाटकीय स्थितियों का चयन, दो विरोधी पात्रों, दृष्टियों-स्थितियों के द्वन्द्व से रंगमंचीय सौन्दर्य की स्वतः सृष्टि नाट्यभाषा की सूक्ष्म पहचान और पकड़ ः नाटक में एक्शन, भावों के उतार-चढ़ाव, गतियों की तीव्रता और लयबद्धता मंचीय उपकरणों की सार्थकता ः दृश्य-श्रव्य बिम्बों का प्रचुर और अर्थपूर्ण प्रयोग।

इसलिए राकेश के नाटकों में रंगमंच की बाहर से कोई तलाश निरर्थक है और यह उन नाट्य समीक्षकों के लिए एक मोड़ था जो नाट्य साहित्य और रंगमंच को अलग-अलग करके देखते थे। 'आषाढ़ का एक दिन' में जब भी कालिदास-विलोम, कालिदास-दंतुल, कालीदास-मल्लिका, मल्लिका-अम्बिका, मल्लिका-प्रियंगु आमने-सामने खड़े होते हैं या 'लहरों के राजहंस' में जब-जब नन्द-सुंदरी, सुंदरी अलका, सुन्दरी श्यामांग, श्यामांग श्वेतांग, नन्द-भिक्षु आनंद आते हैं या 'आधे अधूरे' में सावित्री-महेन्द्रनाथ, सावित्री-बिल्ली, बिन्नी-किन्नी आदि इतने परस्पर विरोधी प्रवृत्ति के पात्र हैं कि उनसे स्वतः एक टकराहट, एक जीवन्तता, तनाव और रंगमंचीयता बनती जाती है जैसे कि प्रसाद के 'चंद्रगुप्त' नाटक में जब भी चंद्रगुप्त-चाणक्य या 'ध्रुवस्वामिनी' में ध्रुवस्वामिनी-कीमा आते हैं तो एक लय का सौन्दर्य, एक क्रियात्मक लहर-सी

बनती है। कभी इससे दो दृष्टियों को राकेश ने उभारा है, कभी द्वन्द्व के धरातल को लेकर उससे रंगमंच की एक भाषा अपना व्याकरण तो बनता ही है। और इस द्वंद्व और सक्रियता को पकड़ती है राकेश की नाट्यभाषा। टकराहट, एक्शन, ध्वनि, लय का सौन्दर्य उस नाट्यभाषा में भी है जिसके विभिन्न स्तर 'छतरिया' और 'पैर तले की जमीन' तक दीखते हैं। रंगमंच के काव्य को राकेश की भाषा पकड़ती है भले ही आरम्भिक दोनों नाटकों में भाषा का आभिजात्य है और 'आधे-अधूरे' में समकालीन अनुभव की नितान्त आम बोलचाल की भाषा का मुहावरा है। उनके पात्र जितना शब्दों में कहते, उतना ही अपनी क्रियाओं की भाषा से भी संकेतित करते हैं—यही उनके प्रत्येक नाटक में दृश्य से सम्बद्ध प्रत्येक उपकरण, उसकी उपस्थिति, पात्र की मनःस्थिति, उसके व्यक्तित्व और पूरे नाटक का एक अनिवार्य और अर्थपूर्ण हिस्सा होती है। यहाँ पहले के नाटकों के दृश्य की तरह चीजें मात्र आलंकारिक नहीं हैं। रंगमंच पर दृश्य सौन्दर्य भी हो और साथ ही वह नाटकीय संवेदना को, मूल अर्थ को संप्रेषित करने का माध्यम भी हो, यह उनके प्रत्येक नाटक का वैशिष्ट्य है। जब वह दृश्य-श्रव्य दोनों प्रकार के बिम्बों का सहारा लेते हैं तो नाटक और रंगमंच की भाषा एक साथ सघन होती है और दर्शक तक पहुँचती है, यही मोहन राकेश की विशिष्टता है। मुद्राराक्षस व्यर्थ ही कहते हैं कि "राकेश के नाटकों में नाटकीय क्षण बहुत कम हैं। नाटकीय क्षणों की अपेक्षा उसमें ऐसे विवरण ज्यादा हैं जिनमें पात्र अपने-अपने मन की बातें दूसरे से कहते रहें।" यह कथन नितान्त एकांगी है और पूर्वाग्रह-ग्रस्त है। शब्द निर्भरता होते हुए भी उनके नाट्य मात्र 'काव्य-सुभाषित' या निचली सीढ़ी के नहीं कहे जायेंगे। 'राकेश की लड़ाई' साहित्यिक भाषा से नाट्यभाषा तक आने की थी, भाषा की निर्भरता से मुक्ति की नहीं। राकेश अपने समय के अकेले सजग, सक्रिय, उत्साही और मौलिक एवं सृजनशील नाटककार थे। उनका 'छतरिया' नाटक उनकी सर्जनात्मक दृष्टि, अनुभव की गहनता, नवीन प्रयोगशील प्रवृत्ति का सशक्त उदाहरण है। ध्वनि, क्रिया, रंगों के विलक्षण तालमेल से सादे मंच पर यह पार्श्व नाटक रंगमंच की कलात्मकता को सिद्ध करने, अभिनेताओं की अभिनय शक्ति की परख करने और दर्शकों की साझेदारी को सामने लाने में अद्वितीय है। इसमें उस भाषा

निर्भरता की विवरणात्मकता को एकदम नकार दिया गया है और रंगमंच की अभिनेता की भाषा को अन्वेषित किया गया है—गतियों में, समूहनों में, विभिन्न लयों में, ध्वनियों के परिवर्तन में, अभिनेता की शारीरिक क्रियाओं और देह की लय में और साथ ही रंग-बिरंगी छतरियों से उपजती रंगमंच की रंगीन भाषा में। सांकेतिकता को जिस प्रकार मोहन राकेश कहानी में अनिवार्य मानते थे, उसी प्रकार नाटक और रंगमंच की दृष्टि से भी उन्होंने अधिकांशतः सांकेतिकता से बहुत काम लिया है। 'आधे-अधूरे' का सारा दृश्यबन्ध ही अपने में सांकेतिक है। यह बात उनके हर नाटक में है। वस्तुतः मोहन राकेश के नाटक हिन्दी नाटक और रंगमंच के पूरे ऐतिहासिक परिप्रेक्ष्य में देखे जाने चाहिए। जो विभिन्न स्तरों पर कई कार्य एक साथ उनके नाटकों के साथ हुए, और जिस तरह हिन्दी रंगमंच की प्रवृत्ति और सक्रियता ने जन्म लिया और हिन्दी रंगमंच के अनुकूल प्रवृत्ति के रंगमंच की गहरी नींव पड़ी, वह अपने में अत्यन्त महत्त्वपूर्ण है। रंगमंच का एक सौन्दर्य-विधान होता है जिसे नाटककार स्वयं अनुभव करते हुए दर्शकों से उसे पहुँचाने की संभावनाओं को अपने में निहित किए हुए अपनी सही रंगचेतना का परिचय देता है। राकेश ने रंगमंच के सौन्दर्य को मुख्यतः क्रियाओं, भावों और तनाव से बुनते जाते सघन वातावरण की लय में देखा और अभिनेताओं को प्राचीन भारतीय परम्परा की अभिनय शैली एवं आधुनिक यथार्थवादी अभिनय शैली के लिए भाषा और संवादों की ध्वनि एवं लय की पूरी पकड़ के लिए चुनौती के साथ उन्मुक्त छोड़ा और भाव प्रकाशनक्षमता के अनंत क्षण प्रदान किए हैं। दृश्य-श्रव्य, कायिक-सात्विक अनुभावों के समन्वय से उन्होंने भारतीय आधार पर ही रंगमंच और अभिनय को विस्तार दिया है। इस माने में उनके पात्रों के लम्बे स्वगत हमेशा एक चुनौती है, वे पात्र का मनोविश्लेषण ही नहीं करते, स्वयं अभिनेता और दर्शकों को भी आत्मसाक्षात्कार का अवसर प्रदान करते हैं। कोई आश्चर्य नहीं अगर उनके कथासाहित्य में भी इसी प्रकार का सौन्दर्यविधान हो। प्रसाद की कहानियों की तरह मोहन राकेश की कहानियों, उपन्यासों में भी उनका नाटककार रूप लक्षित होता है। ध्वनियों-बिम्बों, क्रियाओं, आरोह-अवरोह, पृष्ठभूमि, वातावरण, सब कुछ कहानी को भी नाट्यविधा के करीब लाता हुआ लगता है। •••